FACULTÉ DE DROIT DE PARIS

ÉTUDE

SUR

L'ACTION EN BORNAGE

DROIT ROMAIN — DROIT FRANÇAIS

THÈSE POUR LE DOCTORAT

Par CHARLES PERRIN

AVOCAT A LA COUR D'APPEL DE PARIS

L'acte public sur les matières ci-après sera présenté et soutenu
le 25 Juin 1874, à 1 heure et demie

PRÉSIDENT : M. LABBÉ, professeur

SUFFRAGANTS : MM. BONNIER, professeur
DUVERGER, id.
BEUDANT, id.
GLASSON, agrégé

LANGRES

IMPRIMERIE ET LIBRAIRIE FIRMIN DANGIEN

3, rue de l'Homme-Sauvage, 3

1874

FACULTÉ DE DROIT DE PARIS

ÉTUDE

SUR

L'ACTION EN BORNAGE

DROIT ROMAIN — DROIT FRANÇAIS

THÈSE POUR LE DOCTORAT

Par CHARLES PERRIN

AVOCAT A LA COUR D'APPEL DE PARIS

L'acte public sur les matières ci-après sera présenté et soutenu
le 25 Juin 1874, à 1 heure et demie

PRÉSIDENT : M. LABBÉ, professeur

SUFFRAGANTS :
MM. BONNIER, professeur
DUVERGER, id.
BEUDANT, id.
GLASSON, agrégé

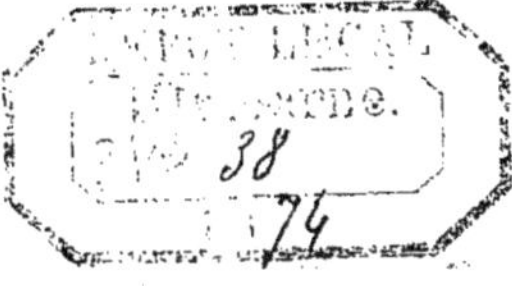

LANGRES

IMPRIMERIE ET LIBRAIRIE FIRMIN DANGIEN

3, rue de l'Homme-Sauvage, 3

1874

A LA MÉMOIRE DE MA MÈRE — A MON PÈRE

—

A MON ONCLE

JUGE DE PAIX A RECEY-SUR-OURCE

DROIT ROMAIN

INTRODUCTION

Le titre du Digeste que nous nous proposons d'étudier, est peut-être de tous ceux qui composent ce recueil, un des plus utiles au point de vue de notre droit actuel. Si, en effet, il faut surtout dans les questions délicates, remonter aux sources les plus reculées, pour interroger l'origine des institutions et compléter ainsi ce qui est obscur ou ce qui manque absolument dans les institutions modernes, jamais peut-être ce principe n'aura été plus vrai que pour le sujet que nous abordons.

Notre législation, en limitant à l'art. 646 et à l'art. 6, § 2 de la loi de 1838 ses dispositions sur le bornage, a voulu laisser aux anciens usages toute leur autorité, et eux-mêmes ne sont que l'expression de la législation romaine. Nous n'étudierons donc pas le bornage dans le droit coutumier, car ce serait nous exposer à des redites que les lacunes de nos textes rendront déjà trop fréquentes, mais nous rechercherons dans le droit romain : 1° quelle a été l'origine de la limitation ; 2° quels sont les fonds qui sont susceptibles de l'action *Finium regundorum ;* 3° quelles personnes peuvent l'intenter ; 4° quel est le but de cette action ; 5° quel est son caractère ; 6° quelle était sa procédure ; 7° si la prescription pouvait s'y appliquer.

Tel sera le plan de notre étude.

CHAPITRE I.

DE LA LIMITATION A L'ORIGINE.

La limitation des terres n'est pas une création récente. Nous la trouvons chez les peuples les plus anciens (1). Et en effet, le premier principe de la civilisation est que chaque homme doit voir sa liberté restreinte, afin de ne pas contrarier et gêner ses semblables, et de ne pas être lui-même inquiété par l'extension trop grande de la liberté d'autrui. Aussi ne faut-il pas s'étonner de voir la limitation classée parmi les institutions du droit des gens. « *Ex hoc jure gentium introducta bella, discretæ gentes, regna condita, dominia distincta, agris termini positi...* » L. 5, D. l. 1, t. 1.

Mais, à proprement parler, cette institution ne prit véritablement naissance à Rome que du jour où la propriété publique, « celle que chacun possédait

______

(1) Le Manava-Dharma-Castra on Recueil des lois de Mânou, qui passe pour être un des Codes les plus anciens de la législation Indo-Européenne, contient dans son livre 8ᵉ, une série de règles relatives au bornage. Nous en citerons plus loin quelques-unes. (Voir la traduction de M. Loiseleur de **Longchamps**.)

comme peuple, nul comme individu (1), » fit place à la propriété privative et individuelle.

C'est par Numa Pompilius, le second roi de Rome, que fut organisée cette propriété. Romulus avait conquis des terres, son successeur les partagea entre tous les citoyens, et afin que les Romains satisfaits de ce qui leur appartenait, ne désirassent pas le bien d'autrui, il ordonna le bornage de la propriété de chacun (2).

Mais, cela ne suffisait pas : il fallait encore protéger les lots ainsi faits, contre les téméraires ambitions des voisins, et le polythéisme vint offrir une ressource d'autant plus sûre, que le respect des dieux était plus sévèrement établi.

Numa ordonna la position de pierres-bornes sur la limite des champs, il les consacra à Jupiter, gardien de la propriété, qui s'appela alors *Jupiter terminalis,* et chaque année, le dernier mois, on venait offrir à ce dieu nouveau, non pas des sacrifices et des victimes qui eussent souillé le *gardien de l'amitié et de la paix,* mais les prémices des champs et les premiers produits des arbres.

Malheur à celui qui osera déplacer ou arracher ces bornes. C'est un sacrilége. La *lex terminalis* voue sa tête aux dieux, et une impunité absolue est assurée à celui qui le mettra à mort.

Et ce n'est pas seulement la propriété privée qui est

(1) Giraud. Recherches sur le d¹ de propriété chez les Romains.

(2) Cicéron. *de Répub.* 11, § 14.

ainsi protégée, mais même la propriété publique, car les *Agri publici* sont environnés de limites, afin que les dieux Termes distinguent bien le territoire romain de celui des villes voisines (1).

C'est à partir de cette époque que nous voyons se dessiner très-clairement les biens du domaine public et ceux qui font partie de la propriété privée, l'*Ager publicus* et l'*Ager privatus,* qui tous deux composent l'*Ager Romanus.*

Il importe d'avoir de toutes ces choses une notion exacte.

L'*Ager,* c'est l'ensemble d'un territoire appartenant à une communauté de citoyens. L'*Ager Romanus,* c'est l'ensemble du territoire romain; si le territoire appartient à un peuple étranger, il s'appelle *Ager peregrinus.*

Cet *Ager Romanus* n'était à l'origine que d'une très–petite étendue. M. Giraud dit qu'il n'occupa d'abord que la surface d'un arc dont le Tibre formait la corde. Rome primitive ne possédait rien au–delà du cinquième ou sixième mille à partir du Palatin (2). Plus tard, il s'accrut par la conquête.

Cet *Ager Romanus* se divisait lui–même en *Ager publicus* et *Ager privatus ;* nous l'avons dit tout à l'heure.

L'*Ager publicus* était la portion du territoire romain qui ne faisait pas l'objet d'une appropriation

---

(1) Voyez sur cette matière, Rosinus, Antiq. Rom. ch. 20, *de deo Termino,* et liv. ıv, ch. 6. Voyez aussi les notes de Demsterus.

(2) Recherches du dᵗ de prop, page 53.

privée et dont la destination était de subvenir par ses revenus aux besoins de l'Etat. Les biens qui formaient ainsi l'*Ager publicus*, étaient soit les *Agri redditi*, soit les *Agri occupatorii*.

Les premiers étaient ceux qui, à la suite d'une guerre heureuse, étaient devenus la propriété du peuple romain, qui, par des motifs spéciaux, en avait laissé aux vaincus la jouissance à charge de redevance.

Les seconds, après avoir été envahis par les soldats romains, étaient restés la propriété commune, à la différence d'autres dont nous parlerons bientôt. Mais les soldats romains en avaient la possession, ils les exploitaient à charge d'une redevance nommée *Fructus*, et chacun pouvait en prendre autant qu'il se sentait le courage d'en cultiver.

L'*Ager privatus* était une portion distraite de l'*Ager publicus* et abandonnée aux particuliers qui en devenaient ainsi propriétaires et en avaient l'entière et libre disposition, tandis que les biens de l'*Ager publicus* étaient inaliénables et imprescriptibles.

C'est la conquête surtout qui donna naissance à l'*Ager privatus*. Les immenses territoires pris sur l'ennemi furent ou bien vendus aux enchères, ou bien concédés à des vétérans en récompense de leur service, ou bien encore accordés à la *plebs inops*, afin que, par le travail, elle pût acquérir des moyens d'existence; et dès lors on voit les champs rentrer dans des catégories spéciales, suivant que la propriété privée sera née de l'une ou de l'autre de ces causes.

Ce sont d'abord les *Agri quœstorii*, c'est-à-dire les champs qui après leur confiscation sur l'ennemi, ont été vendus par les questeurs du peuple romain (1).

Ensuite les *Agri assignati*, c'est-à-dire ceux qui étaient distribués, par exemple aux soldats vétérans, comme récompenses de leurs mérites, « *Erat tunc prœmium terra et pro emerito habebatur,* » et qui devenaient ainsi le germe d'une colonie romaine (2).

A côté de ces deux premières classes d'*Agri*, il faut encore citer les *Agri vectigales*. C'étaient ceux qui constituaient l'*Ager publicus* d'un municipe au temps où il formait une république indépendante. Ils constituent aujourd'hui une propriété privée qui appartient à ce municipe, en sa qualité de personne morale.

Les *Agri privati municipiorum* sont la propriété des citoyens de ce même municipe. Par la réunion à la cité, ils ont fait partie de l'*Ager romanus*, mais sans perdre leur caractère d'*Agri privati*.

Cette distinction de l'*Ager Romanus* en *Ager publicus* et *Ager privatus* avait au point de vue de la limitation, une importance considérable. En effet, chaque portion distraite de l'*Ager publicus* ne pouvait l'être qu'en vertu d'une loi, qui déterminait soit la quantité des terres à vendre, soit l'étendue du sol à partager, et à la suite de l'opération, les personnes chargées de la faire, en

(1) Sicculus Flaccus. p. 14. — Hyginus. p. 205. Editio, Goésius.

(2) Hyginus. p. 159 et 60.

dressaient un plan fidèle auquel tous avaient le droit de recourir en cas de contestation. Ce plan portait différents noms. *Æs, forma, cancellatio, pertica, metatio, typon*, il était déposé soit dans les archives de l'empereur, soit dans celles des municipes, et offrait ainsi à celui qui en avait besoin un moyen de preuve irrécusable. Le prince pouvait l'invoquer pour les *subcesiva*, aussi bien que les citoyens pour les *divisi et assignati*. Pour l'un et pour l'autre, *publicæ fidei testimonium reddebat* (1).

Il est facile de comprendre l'utilité d'une semblable constatation, et on pourrait à bon droit s'étonner qu'elle n'ait pas eu lieu au sujet des *Agri publici*, si on ne se rappelait que l'*Ager publicus* étant la règle, l'*Ager privatus* l'exception, il suffisait de bien déterminer l'exception pour faire connaître la règle dans toute son étendue. Mais s'il est vrai que le peuple romain était propriétaire, il avait confié la possession à des citoyens, et par l'effet du temps, cette jouissance consacrée par l'usage reçut des Prêteurs une telle protection qu'en fait elle constitua un véritable bien comptant dans le patrimoine au même titre que la propriété, formant le gage des créanciers, pouvant être vendue et partagée.

Dès lors, cette sorte de propriété commença à devenir précieuse, et on s'efforça de chercher des remèdes aux envahissements des voisins qui ne se faisaient pas scrupule de *arcere vicinum*, et comme l'étendue des droits de chacun n'avait pas été réglée par une loi, qu'il n'y avait ni *æs* ni *forma, quæ*

____

(1) Sicculus Flaccus. p. 4. p. 16. — Hyginus p. 193.

publicæ fidei testimonium redderet, on s'efforça d'y remédier par des plans émanés de l'initiative des propriétaires et qui n'avaient aucune valeur. C'est ce que dit Sicculus Flaccus. « *Quidam vero possessionum suarum privatim formas fecerunt quæ nec ipsos vicinis, nec sibi vicinos obligant, quoniam res est voluntaria* (1).

Cette différence entre l'*Ager publicus* et l'*Ager privatus* entraînait des conséquences importantes. Nous les verrons dans quelques instants, auparavant occupons-nous du mode de limitation employé pour les *Agri privati.*

Cette limitation consiste à diviser le sol en un certain nombre de carrés appelés *centuries*, et dont l'étendue était déterminée par la loi agraire qui avait ordonné la distribution.

Chaque centurie se subdivisait en un certain nombre de petits carrés qui prenaient le nom de *actus, fundus* : la réunion de deux *fundi* constituait le jugère. « *Primum agri modulum fecerunt quatuor limitibus clausum figuræ quadratæ similem, plerumque centum pedum in utrâque parte..... Nostri centenos ac vicenos pedes in utrâque parte..... Hi duo fundi juncti jugerum definiunt, deinde hæc duo jugera juncta in unum quadratum agrum efficiunt* (2).

La centurie était donc la réunion d'un certain nombre de *jugères,* à l'origine elle en comprenait 200, et Sicculus Flaccus(3) nous dit qu'elle tira son nom de ce

(1) Sic. Flacus, p. 4.
(2) Fragmentum agrarium de limitibus. Ed. Goésius p. 216.
(3) Page 15.

que les anciens Romains partageant aux soldats vain-
queurs le terrain pris sur l'ennemi, distribuaient
200 jugères pour cent hommes, de là le nom de
centurie. Mais cette étendue n'était pas fixe, et pouvait varier suivant les régions, car le même auteur (1) nous dit que les centuries ont quelquefois
210 ou 240 jugères : « *Centuriæ autem non per omnes
regiones ducenta jugera obtinent, in quibusdam
ducenta dena invenimus et quadragena.* » Quelquefois aussi la centurie ne comprend que 50 jugères,
par exemple, dans les terres publiques que faisait
vendre l'Etat par le ministère de ses questeurs (2).

Quant au moyen pratique d'opérer la limitation,
Hyginus et Frontin nous ont conservé des documents curieux et qu'il importe de rappeler ici (3).

L'Agrimensor qui à l'origine était un augure,
décrivait dans le ciel des lignes imaginaires et trans-
portait ensuite son tracé sur le sol à partager. Le
territoire ainsi destiné à la limitation se nommait
Templum. In terris, dit Varron (4), *dictum templum
locus auguri aut auspicii causâ quibusdam conceptis
verbis finitus.* Le *Templum,* c'était l'espace qu'un
augure en se tournant successivement vers les quatre
points cardinaux embrasse par la pensée pour y
observer les auspices. Ce tracé se faisait suivant une

(1) Page 20.

(2) Hygin. p. 154.

(3) Voyez sur cette matière, Niebuhr, histoire romaine, appendice sur la limitation. t. IV — De Laboulaye, Revue de législation, tome 17 — Giraud, Recherches du droit de propriété chez les Romains.

(4) De linguâ latinâ, page 119.

orientation fixe. La première opération consistait à décrire deux lignes, l'une appelée *Kardo* qui allait du midi au nord, l'autre *Decumanus* qui allait de l'Est à l'Ouest (1). Ces deux lignes principales se prolongeaient jusqu'aux extrémités du territoire destiné au partage, et on traçait des parallèles à une distance plus ou moins grande, selon la dimension des carrés qu'il fallait établir. Ces parallèles, prenaient alors le nom de la ligne principale dont elles suivaient la direction, et afin de la distinguer des autres, on la qualifiait de *Maximus*. Il y avait donc, le *Kardo maximus* et le *Decumanus maximus*, les autres lignes se nommaient *Kardines* ou *Decumani* sans épithète, pour les distinguer des deux premières, ou bien encore on les appelait *Limites* (2).

Hyginus, page 152 de l'édition de Goésius, nous donne une figure que nous croyons utile d'appeler au secours de ces explications.

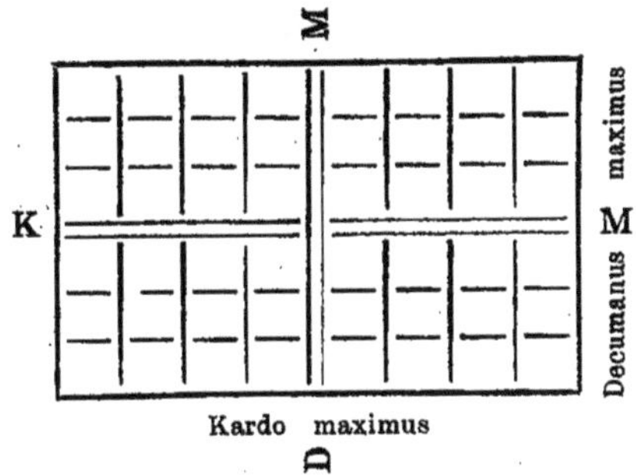

Chacun des *Decumani* ou des *Kardines*, est indi-

(1) Fragment agraire *De Limitibus* p. 215. Goesius.
(2) Sicullus Flaccus. p. 19 — Hyginus page, 151.

qué par des remparts de terre ou des jetées plus ou moins larges qui servent de passage entre les propriétés. Le *Decumanus* et le *Kardo maximus* ont une largeur de 12 pieds, ils servent de route et de voie publique pour le peuple romain (1). Quelquefois aussi leur largeur est plus grande.

Pour les autres *Decumani* et *Kardines*, ils sont destinés surtout à l'exploitation des terres et leur largeur a été fixée à cinq pieds par la loi Manilia. Ce terrain doit rester inculte. En Italie la largeur est plus grande, elle est de 8 pieds et ces chemins ordinairement simplement réservés aux colons, servent aussi au passage public sous le nom de *Subruncivus* (2).

Tel était le mode de limitation qui devait s'appliquer à tout le terrain dont la loi agraire avait ordonné la distribution. Cependant on n'assignait ou on ne vendait que les terrains propres à la culture, et on réservait généralement tout ce qui aurait été inutile entre les mains du colon. *Assignare agrum secundum legem divi Augusti eatenus debebimus quatenus falx et aratrum exierit, nisi ex hoc conditor immutaverit* (3).

Mais quelque fois l'assignation comprenait autre chose que les terres arables et les vergers et *Sicculus Flaccus* nous dit que les pâturages et les forêts qui en général restaient la propriété publique, devenaient

(1) Hyginus, p. 152.
(2) Hyginus, page 152.
(3) Hyginus, p. 192 et 204.

dans certaines contrées, biens privés. « *Adscriptum-que in formis ita : Illi et illi tot sylvas et pascua, jugera tot* (1). » Bien plus, les fleuves quelquefois faisaient partie de l'assignation et la *forma* dressée après le partage en mentionnait l'attribution à tel ou tel (2).

Cependant ce ne sont là que des exceptions et le principe posé plus haut subsiste, à savoir que seuls les vergers et les terres labourables, faisaient l'objet de l'assignation. Le reste continuait à faire partie du domaine de l'Etat et était possédé en commun par les colons qui y envoyaient paître leurs bestiaux, et cette portion du territoire jointe aux jugères qui dépassaient le nombre des appelés au partage de la centurie, restait à l'Etat sous le nom de *subcesiva* (3).

La limitation ainsi faite, la propriété qui en était l'objet prenait un caractère sacré et immuable, on ne pouvait aucunement y porter atteinte sans se rendre coupable d'un sacrilége, et l'Etat lui-même devait respecter l'opération. Conduire une colonie nouvelle sur territoire assigné, c'est une profanation, et Cicéron en donne une preuve évidente dans ses *Philippiques*. II. 40.

De ce caractère immuable et invariable de la propriété privée, qui, nous le rappelons, est spécialement consacrée par un titre public, l'*Æs*, il résulte deux conséquences que nous devons signaler ici :

(1) Sic. Flaccus, p. 24.
(2) id. p. 19.
(3) Sicc. Flaccus, p. 17.

La première est que le fonds limité ne pourra jamais s'accroître par l'alluvion, et c'est ce qui est très-explicitement établi par le jurisconsulte Florentinus dans la loi du 16 D. 41. 1. *In agris limitatis jus alluvionis locum non habere constat*. Et en effet, rien de plus rationnel, puisque le fond est enfermé dans ses limites fixes et invariables, tout ce qui dépassera la ligne tracée sur l'airain sera propriété de l'Etat, et le prince pourra le réclamer comme un *subcesivum*.

La seconde conséquence, qui a le même fondement que la première, est que s'il vient à naître une île au milieu du fleuve public, elle n'appartiendra pas au propriétaire des fonds limités, mais sera, en tant que *res nullius*, la propriété du premier occupant. C'est ce que dit Ulpien, l. 1, § 6, D. 43. 12. Plus tard, nous verrons ce que c'est qu'un fleuve public. Quant à présent, nous constatons l'invariable fixité des *Agri limitati*.

Cependant, cette immutabilité des champs *quæstorii* et *assignati*, ne faisait pas obstacle à leur transmission, le Fundus qui portait généralement le nom du propriétaire auquel il était échu, pouvait être aliéné par lui, ou bien à sa mort il pouvait y avoir un partage de ses biens, partage qui laissait subsister le modus de la première assignation, mais la divisait entre chacun des héritiers par des *Termini comportionales*.

Mais avec le temps, la conservation des limites et des bornes se perdit : le trafic des fonds de terres, en permettant au propriétaire d'un fonds d'en acquérir un second ou même plusieurs, avait aggloméré entre les mains des puissants la propriété foncière; les propriétaires prenaient moins de souci de la démarcation exacte de leurs terres, et dès lors, soit par négligence, soit afin de ne pas laisser inculte l'espace de cinq pieds qui primitivement séparait les voisins, les possesseurs omirent de prendre soin des limites.

Aussi voyons-nous dans les auteurs que en ce qui concerne la limitation, la condition des *agri quœstorii* était devenue la même que celle des *agri occupatorii*. Siculus Flaccus s'exprime ainsi : « *Ergo in quœstoriis agris adhuc in regionibus quibusdam manentibus lapidibus, quibus limites inveniri possunt, aliqua vestigia reservant : sed ut supra diximus. emendo vendendoque aliquas particulas ita confuderunt possessores ut ad occupatoriorum conditionem reciderint* (1). » et Hyginus dit de même : « *Vetustas tamen longi temporis plerumque pene similem reddidit occupatorum agrorum conditionem* (2). »

Ce que les auteurs nous signalent relativement aux *agri quœstorii,* arriva aussi probablement au sujet des fonds *divisi* et *assignati,* et dès lors, tout le territoire romain n'eut plus que des limites incertaines et qui ne pouvaient point avoir d'autorité.

De bonne heure, on avait compris la nécessité de sortir de cet état fâcheux dans lequel la propriété étant confuse, chaque voisin empiétait sur les droits de l'autre, et cherchait à étendre ses limites au détriment du champ d'autrui. C'était là une querelle per-

(1) Sic. Flaccus, p. 15.

(2) Hyginus, p. 205.

pétuelle. La loi des douze tables y avait apporté le premier remède, elle avait ordonné qu'entre les diverses propriétés on laisserait un espace vide de cinq pieds, qui ne serait pas susceptible d'usucation, qu'en cas de contestations nées de l'incertitude des limites, elles seraient jugées par trois arbitres chargés du bornage et appelés *agrimensores*.

Plus tard, la loi Manilia confirma ces dispositions, avec cette modification que l'opération du bornage se ferait pas un seul *agrimensor*.

Tel était à l'origine le but de l'action *finium regundorum*, faire déterminer les limites des *quinque pedum*, qui devaient se trouver entre chaque fonds. Mais peu à peu d'autres controverses s'élevèrent, et les scriptores *rei agrariæ* n'en signalent pas moins de quinze dont nous indiquons les principales.

1° *De fine* : Son but est celui que nous venons de dire, l'établissement ou le rétablissement de l'espace de cinq pieds entre deux fonds limitrophes.

2° *De loco* : Cette *controversia de loco* est plus importante, il s'agit de statuer sur un intervalle séparatif dont la largeur est plus grande que celle du *Finis*, c'est-à-dire l'espace de cinq pieds.

3° *De rigore* : Le *rigor*, c'est le sillon qui courait en droite ligne d'une borne à l'autre dans les *Agri limitati*, qui, on se le rappelle, étaient limités au moyen de lignes parallèles, la *controversia de rigore* avait pour but la recherche de la situation exacte de ce *rigor*.

4° *De modo* : Cette controverse tendait à déterminer la contenance originaire du lot dans les terres assignées, ou la contenance énoncée au contrat dans les terres non assignées (1).

Toutes ces controverses qui portent des noms différents, se réunissent dans l'action *Finium regundorum*, la compilation de Justinien nous le prouve, et le but de cette action est triple.

1° L'établissement de signes certains destinés à limiter les propriétés ;

2° Le règlement des indemnités que les propriétaires pourront se devoir ;

3° Le paiement des frais nécessités par les opérations du bornage.

Nous allons étudier plus directement cette action.

------

(1) Voir, sur ce sujet, M. de Laboulaye, Histoire du droit romain. Traduction de l'ouvrage de Walter.

CHAPITRE II.

1. — Le but même de l'action *Finium regundorum*
nous indique qu'elle ne peut avoir lieu que relativement à des immeubles contigus dont les limites ne
sont pas déterminées.

Mais à cet égard la loi romaine fait une distinction
entre les *prœdia* suivant, qu'ils sont *rustica* ou
urbana. Cette qualification se tire non pas du lieu de
la situation des immeubles, mais de la matière qui
les compose, *quia urbanum prœdium non locus facit
sed materia* : Sont *urbana* les *prœdia* qui emportent
en eux l'idée d'une construction, qu'ils soient d'ailleurs situés *in urbe* ou *in agris* ; de même sont *urbana,*
les jardins qui n'étant pas construits peuvent être
considérés comme étant l'accessoire d'une construction. l. 198 D. 50. 16. Sont *rustica* au contraire, tous
les terrains non construits, situés soit à la ville soit à
la campagne, à l'exception des jardins dont nous
venons de parler.

2. — Cette première distinction faite, demandons-
nous auxquels de ces fonds pourra s'appliquer l'action *Finium regundorum*.

La loi 4, § 10, du titre que nous étudions, s'exprime

sur cette question de la façon la plus explicite : « *Hoc judicium locum habet in confinio prœdiorum rusticorum; urbanorum displicuit.* » Et de suite nous signalons le motif de cette différence : « *Neque enim confines hi, sed magis vicini dicuntur et ea parietibus communibus plerumque disterminantur.* » (même loi).

Ainsi de même que nous avons distingué les *prœdia urbana* des *prœdia rustica*, de même il faudra distinguer les *vicini* des *adfines*. Les *vicini*, ce sont les voisins par constructions, si nous pouvons ainsi parler ; les *adfines*, les voisins par champs : *adfines, dit* Festus, *id est in agris vicini* : à ces derniers seuls sera possible l'emploi de l'action qui nous occupe et c'est ce que Cicéron indique dans ses Topiques § 10, lorsqu'il dit : « *Si in urbe de finibus controversia est, quia fines agrorum magis esse videntur, quam urbis, finibus regundis adigere arbitrium non possis.* »

Et en effet, les fonds ruraux sont les seuls dont les limites aient besoin d'être déterminées. Car pour les fonds urbains de deux choses l'une: ou bien les édifices voisins ont été bàtis à la distance que la loi des douzes tables prescrit, (l. 13. D. x. I.) et alors ils sont isolés, ils sont des *insulœ*; ou bien ils sont adossés les uns aux autres, et alors ils sont communs aux deux parties, ils sont mitoyens, comme dit la langue française, ou s'ils ne le sont pas, la ligne séparative de chacund'eux sera toujours facile à déterminer : donc dans l'une et l'autre hypothèse, il ne peut y avoir lieu à l'action *Finium regundorum*

3. — Mais si entre les différents propriétaires de

ces édifices communs il s'élève quelque contestation relative soit à la réparation, soit à la démolition de l'une des constructions, il faudra alors intenter l'action *communi dividundo* (l. 12 D. x. 3.)

4. — Nous avons signalé tout à l'heure le motif qui suivant le jurisconsulte Paul fait obstacle à l'exercice de l'action *Finium regundorum* relativement aux constructions, c'est-à-dire la détermination des limites, nous insistons sur ce point, car il va nous fournir diverses conséquences.

5. — La première, c'est que cette détermination existant aussi bien dans les constructions faites à la campagne que dans celles de la ville, il est tout naturel d'entendre Paul s'exprimer ainsi : « *Et ideo et si in agris œdificia juncta sint locus huic actioni non erit* (l. 4, § 10), et c'est là une application de la loi rappelée plus haut : « *Quia urbanum predium non locus facit, sed materia.* »

6. — La seconde, c'est que cette détermination n'existant plus, l'action *Finium regundorum* sera possible, alors même qu'il s'agirait de *prædia urbana* c'est ce qui arriverait par exemple, si les propriétaires de maisons différentes avaient des jardins contigus dont l'étendue ne serait pas certaine : encore que ces jardins soient *in urbe*, qu'ils soient l'accessoire naturel d'une maison il y aurait lieu à l'action *Finium regundorum*, c'est encore ce que Paul exprime l. 4, § 10 : « *Et in urbe hortorum latitudo contingere potest ut etiam Finium regundorum agi possit.*

7. — Une troisième conséquence, c'est que cette détermination des limites qui fait obstacle à l'action *Finium regundorum* dans les *prædia urbana*, s'op-

poserait aussi à cette action dans les *prædia rustica* et aussi si les limites des fonds sont bien distinctes, s'il y a entre les champs une ligne de démarcation certaine, l'action *Finium regundorum* sera inadmissible.

8. — Supposons par exemple, qu'une route ou un cours d'eau sépare les propriétés dont on demande le bornage, peut-il y avoir lieu à l'action qui nous occupe?

Les jurisconsultes romains font à cet égard une distinction : non si les deux fonds sont séparés par un *Flumen* ou par une *via publica* : (l. 4, § II, D. x, 1.) oui s'il n'y a entre eux qu'un *rivus privatus* (l. 6, D. huj. tit.), et ajoutons s'il n'y a qu'un chemin *privé* ou *agraire*. Et le motif de cette solution est que dans le premier cas il n'y pas contiguité, tandis que dans le second cas cette contiguité subsiste. Ou plutôt, dans le premier cas, la contiguité existe bien, seulement ce n'est pas entre les deux fonds que la voie publique sépare, mais entre la voie publique et le fonds riverain : « *quia magis in confinio meo, via publica vel flumen sit quam ager vicini.* » (l. 5. huj. tit.) Le véritable motif est donc que le fleuve public détermine les limites, tandis que le fleuve privé les laisse confuses et incertaines.

9. — Mais il faut nous demander ce que c'est qu'une *via publica*, ce que c'est qu'une *via privata* : quand un fleuve est public, quand il est privé.

La *via publica* est ainsi définie par Ulpien (l. 2. § 22. D. 43. 8) : « *Publicas vias dicimus quas Græci basilicas id est regias, nostri prœtorias, alii consulares appellant.* » C'est celle qui a été établie par l'Etat romain à travers l'Italie et les provinces dont le sol lui appartient : la voie publique, c'est encore celle dont le sol est public. l. 2. § 21, D. 43. 8.

10. — La *via privata*, c'est : 1° celle dont le fonds appartenant à autrui, une autre personne a le droit de s'en servir pour *ire agere*, droit qui constitue pour elle la servitude de viâ (l. 2, § 21, D. 43. 8.) c'est 2° : celle que l'on appelle agraire qui a été établie pour l'exploitation agricole et sur laquelle toute personne a le droit de passer.

11. — A côté de ces deux classes de *viæ*, il y a encore les *viæ vicinales* qui sont dans les bourgs ou qui conduisent aux bourgs, elles sont publiques si le sol en a été fourni par l'Etat, privées s'il l'a été par les particuliers.

12. — Demandons-nous maintenant quand un cours d'eau est public, quand il est privé.

A cet égard, si nous comparons les deux lois de notre titre, qui s'occupent de cette matière, nous y voyons que Paul semble opposer le *Flumen* au *Rivus* que dans le premier cas le *confinium* n'existe plus, tandis que la séparation produite par le *rivus* le laisserait subsister. Vraisemblablement, c'est donc à la largeur plus grande du *Flumen* que Paul attache cet effet, alors que le *rivus* moins large ou moins profond ne serait en quelque sorte que la suite des propriétés. Eh bien, cette idée n'est pas exacte, car d'autres textes du jurisconsulte Ulpien démontrent d'une façon positive qu'un *flumen* peut être privé, et qu'un *rivus* peut-être public, et alors nous aurions l'inverse de la solution précédente, c'est-à-dire que le *rivus* empêcherait le *confinium*, et que l'existence du *flumen* n'y mettrait point obstacle. En effet la loi 1 § 3. D. 43. 12. s'exprime ainsi : « *Flumina quædam publica sunt, quædam non.* » Et autre part, le même jurisconsulte s'occupant de l'interdit de *rivis* s'exprime ainsi l. 3, § 4, D. 43. 21 : « *Hoc interdictum ad omnes rivos, sive in publico, sive in privato sint constituti.* » Ce n'est donc pas à la plus ou moins grande largeur du cours d'eau qu'il faudra s'attacher pour décider s'ils est public ou privé ; recherchons d'autres bases d'appréciations.

Nous ne nous arrêtons pas non plus à ce que dit Justinien dans ses Institutes l. 2. tit. 1, § 2 : *Flumina autem omnia... publica sunt.* » convaincus que nous sommes que ce passage n'est qu'une reproduction infidèle de la loi 4. § 1. D. 1. 8. dont on a supprimé le mot « *pene,* » ce qui met ainsi l'auteur des Institutes en contradiction avec lui-même.

Mais Ulpien continuant la loi que nous avons citée plus haut, se demande à quel caractère on reconnaîtra les *flumina publica* des *flumina privata* et il dit : « *Publicum flumen, Cassius definit, quod perenne sit.* » et il ajoute : « *hæc sententia Cassii quam Celsus probat videtur esse probabilis.* » Il faut donc distinguer deux choses, les cours d'eau *perennes*, c'est-à-dire ceux qui ne sont jamais secs, et ceux qui ne sont pas *perennes,* c'est-à-dire qui ne coulent que pendant la saison des pluies, et à une autre époque laissent leur lit desséché. Les premiers seuls sont publics.

Cette distinction faite par Ulpien doit-elle être admise en cette matière ? Une opinion soutenue par par M. Barbe, *Thèse de doctorat,* la repousse en tant que les champs qui seront l'objet du bornage, auront été primitivement des *Agri assignati*. Ce qu'il faudra considérer dans ce cas, c'est le point de savoir si le cours d'eau a primitivement fait partie de l'assignation. Et en effet, Sicculus Flaccus, (page 19, Ed. Goésius), nous dit que dans certaines contrées le *flumen* fait partie de l'assignation, que dans d'autres il est laissé comme *subcesivum*. Dans la première hypothèse, le *flumen* serait privé, et dès lors ne faisant pas obstacle au bornage, la propriété de chacun sera déterminée par une ligne idéale qui coupera le fleuve en proportion des parts fixées à chacun dans l'*assignatio*.

Mais cette opinion, ingénieuse sans doute, et dont nous ne méconnaissons pas la valeur, ne nous paraît pas complètement fondée, parce que ce n'est que par exception que les fleuves font partie d'une assignation et dès lors il faut rechercher un caractère plus général applicable à tous les *Agri*, qu'ils soient *assignati*, ou *occupatorii*. Nous dirons donc que toutes les fois qu'il y aura lieu à l'action en bornage, soit qu'il s'agisse d'*Agri occupatorii*, soit qu'il s'agisse d'*Agri assignati* dont le modus ne se sera pas conservé intact et immuable, l'action en bornage sera impossible si les deux fonds sont séparés par un cours d'eau *perennis*.

Donc, une voie publique, un fleuve public, séparant les deux fonds les détermine et s'oppose à l'action *finium regundorum*.

13. — Mais s'il y a sur les fonds à limiter des arbres ou des constructions placés sur la limite des propriétés, l'action *finium regundorum* sera-t-elle encore possible ? L'affirmative résulte très-positive-

ment de la loi 2 Proe. D. huj. tit. Car dit cette loi :
« *Hæc actio pertinet ad prædia rustica, quamvis
ædificia interveniant, neque enim multum interest,
arbores quis in confinio an ædificium ponat.* » Mais
alors n'y a t-il pas ici une contradiction avec ce que
noùs avons vu établi par la loi 4, § 10, qui considère
comme impossible l'action *finium regundorum* relativement aux constructions ? Nullement, et la conciliation de ces deux lois nous paraît facile. Deux
hypothèses sont prévues : dans la loi 4, § 10, on suppose des héritages adossés l'un à l'autre, et dès lors,
la ligne divisoire est toute tracée. C'est celle qui court
au point de jonction des deux édifices, quand ils ne
sont séparés par un mur mitoyen ; ici au contraire,
dans la loi 2, la contestation ne porte pas sur des édifices déterminés, mais elle porte sur un *prædium rus-*
ticum qui en joint un autre sur lequel est construite
une maison, et la ligne séparative n'est pas assez
nettement indiquée pour que cette construction puisse
s'opposer à l'action en bornage, pas plus qu'elle ne le
serait assez si, il y avait des arbres plantés sur les
limites.

14. — Voilà quels sont les fonds qui sont susceptibles d'être bornés ; il est facile de comprendre que les
limites d'un champ pourront être indéterminées avec
celle de trois ou quatre autres propriétés voisines,
l'action en bornage pourra alors embrasser toutes ces
propriétés, c'est ce qui est établi par la loi 4, § 8, de
notre titre. « *Non solum autem inter duos fundos,
verum etiam inter tres plures ve fundos accipi judicium finium regundorum potest, ut puta singuli
plurium fundorum confines sunt, trium forte vel*

quatuor. Inutile de faire remarquer ici l'utilité d'une semblable mesure qui termine d'un seul coup, des procès que chacun des voisins pourrait renouveler, après la sentence à laquelle il n'aurait point été partie.

CHAPITRE III.

QUELLES SONT LES PERSONNES QUI PEUVENT INTENTER L'ACTION FINIUM REGUNDORUM.

15. — Tout d'abord il est incontestable, que cette action appartient aux propriétaires dont les champs sont limitrophes, et chacun d'eux pourra demander le bornage de leurs propriétés.

16. — Mais le cas d'indivision peut présenter plusieurs hypothèses différentes qu'il est nécessaire d'indiquer ici. La première de ces hypothèses est prévue par la loi 4 § 6 de notre titre. Elle suppose qu'un fonds appartient par indivis à plusieurs copropriétaires, et le jurisconsulte Paul se demande si l'action *finium regundorum* pourra être intentée par l'un des copropriétaires contre l'autre. Sa réponse est négative, parce que dit-il, cette action ne paraît pas pouvoir être admise *inter ipsos*. Et cette solution est très-rationnelle, car l'action *finium regundorum* ne s'élève qu'au sujet des limites; il faut donc avant tout que ceux qui l'intentent aient des fonds divisés. Sans la division, il n'y a qu'un fonds, encore qu'il appartienne à plusieurs personnes, et de même que la division seule peut d'un fonds en faire plusieurs, de même les frontières ne peuvent être multipliées dans une division préalable.

17. — Une seconde espèce d'indivision est visée

par la loi 4, § 7 ; la voici : « Je suis seul propriétaire d'un fonds qui est voisin d'un autre commun à moi et à un tiers. Pourrai-je agir par l'action *finium regundorum ?* Non répond le jurisconsulte, « *quia ego et socius in hâc actione adversarii non esse possumus sed unius loco habemur.* » De ce motif donné par la loi, il résulte que si cette action m'était possible, je paraîtrais agir contre moi-même et c'est absurde. Si en effet, un père de famille ne peut être en contestation avec son fils, par ce motif qu'il semblerait agir contre lui-même, puisque tous les droits du fils passent au père en vertu de sa puissance, par la même raison je ne peux pas intenter l'action qui nous occupe, parce que je plaiderais contre moi-même, puisque je suis propriétaire d'un fonds, et copropriétaire de l'autre.

18. — Mais si l'action directe *finium regundorum* n'est pas possible, ne pourra-t-on au moins employer dans ce cas une action utile afin de conserver intactes les limites des deux fonds ? Non, répond la même loi, parce que pas plus dans l'action utile, que dans l'action directe, moi et *mon socius* nous ne pouvons être adversaires, nous ne formons tous deux qu'une seule personne, et je ne puis pas agir contre moi-même. Aussi si je veux que les limites des deux fonds soient déterminées et fixées, il faudra que j'aliène mon fonds propre en conservant le fonds commun), ou que le fonds commun soit aliéné, réserve faite du fond propre ; car alors les deux fonds étant distincts de même que les deux propriétaires, l'obstacle qui s'opposait tout à l'heure à l'exercice de l'action *finium regundorum*, sera levé et cette action sera possible. 4. § 7 *in fine.*

Et ici nous devons signaler ce fait remarquable que le vendeur qui doit garantie à l'acheteur et qui, dès lors, ne peut pas le troubler dans sa possession, pourra cependant l'atteindre par une action en bornage dirigée contre lui. L. 10. C. 8. 45.

19. — La décision que nous donne la loi 4, § 7. D, huj. tit., parait en contradiction avec plusieurs autres textes que nous allons étudier.

C'est d'abord la loi 27, D. viii. 2. Voici l'hypothèse prévue par cette loi. Les *Ædes Titianæ* appartiennent par indivis à vous et à moi, et depuis ces constructions, quelque chose a été jeté sur une autre maison qui est ma propriété exclusive : alors il m'est permis d'agir contre vous par une action négatoire, sinon, *rem perdam*. De même, si de votre maison particulière quelque chose a été lancé sur une maison commune à vous et à moi, l'action négatoire me sera donnée contre vous.

C'est encore la loi 14, § 1. D. viii. 5. Elle nous apprend que si un mur commun à nous deux s'incline sur un mur qui m'appartient à moi seul, et que ce soit par suite d'un ouvrage fait par vous, je pourrai agir par l'action *jus tibi non esse parietem illum ita habere*.

C'est enfin la loi 6, § 2 et 3, D. 39. 3 et la loi 11, § 5, au même titre. Nous y voyons que si l'eau de votre fonds nuit à un fonds commun à vous et à moi, ou à l'inverse, que si l'eau venant d'un fonds commun nuit à mon fonds personnel, l'action *de aquâ et aquæ pluviæ arcendæ* sera possible entre nous.

20. — De ces différents textes, il semblerait résulter que l'action *finium regundorum* ne devrait pas

être refusée à l'un des copropriétaires contre l'autre, lorsque les limites d'un fonds propre et personnel et celles du fonds commun ont été troublées.

21. — Cujas a proposé une explication de cette contradiction apparente : suivant lui, l'usucapion des servitudes ou l'acquisition des servitudes par la possession de longtemps est permise, l'usucapion *finium* ne l'est pas ; de là cette conséquence que si entre le fonds commun et le mien propre, les limites sont confuses et incertaines, je puis sans inquiétude ne pas intenter l'action *finium regundorum,* et je n'ai rien à craindre, l'usucapion ne peut pas se produire au sujet de la *latitudo finium;* au contraire, pour la question de servitude, si je n'agissais pas, la prescription arriverait, je serais déchu de mon droit, et c'est ce que la loi 27. D. VIII. 2, exprime, lorsqu'elle dit, *rem perdere;* je perdrais mes droits sur la chose.

L'action *finium regundorum* est donc en principe, et sauf les cas d'indivision que nous venons de signaler il n'y a qu'un instant, donnée à l'un des propriétaires contre l'autre.

22. — Cette action appartient encore aux possesseurs des fonds vectigaliens, aux usufruitiers entre eux, ou à un usufruitier et le maître de la propriété voisine, et à tous ceux qui détiennent la chose à titre de gage, l. 4, § 9, D. 10. 1. Cette décision était nécessaire, et en effet, comme le disent nos textes, cette action est *pro rei vindicatione,* l. 1, D. x. 1, et est liée à la question de propriété, l. 3. C. huj. tit. Or, ni le possesseur d'un fonds vectigalien, ni l'usufruitier, ni le créancier gagiste, ne peuvent intenter un procès relatif à la propriété, une action en reven-

dication, par exemple, car ils ne sont pas propriétaires, et la revendication n'appartient qu'aux propriétaires. l. 23, pr. D. vi. 1. — l. 13, § 1. D. vi. 2. Et
à l'inverse il ne peut pas y avoir d'adjudication prononcée contre eux, d'adjudication transférant la propriété, l. 1, § 2, *Inst.* de *aff.* judic., parce qu'il ne peut
pas y avoir translation de propriété *a non domino,*
l. 20. pro. D. 41. 1. — L. 5. § 2. D. 47-7.

Telles sont les motifs qui auraient pu s'opposer à
l'exercice de l'action qui nous occupe de la part des
personnes que nous venons de citer. Mais la raison
et l'équité disent assez qu'il fallait leur accorder cette
action, car, soit l'usufruitier, soit le propriétaire d'un
fonds *vectigalis,* soit le créancier gagiste, sont intéressés à ce que la question des limites soit tranchée.

Pour le possesseur d'un fonds *vectigalis,* la question n'est pas douteuse, car, bien que non propriétaire, la loi le considère comme propriétaire et lui
accorde les actions utiles, l. 1, § 1, D. vi. 3. l. 5 *in
fine,* D. 47-7. Quant à l'usufruitier et au gagiste, la
loi les considère relativement à la chose sur laquelle
leur droit est établi, comme les mandataires des propriétaires par la volonté desquels ils possèdent. l. 29
in fine, D. x. 2. — l. 1. § 20, D. 39. 1.

23. — Dans toutes ces hypothèses, ces diverses
personnes, qui ont un droit réel, ont individuellement
le droit d'intenter l'action *finium regundorum,* toutes
aussi peuvent être actionnées, mais il faut bien remarquer que si elles n'avaient pas toutes été parties à
l'action en bornage, le jugement qui l'aurait ordonné,
et l'opération qui aurait suivi ce jugement, ne leur
seraient point opposables. C'est là un principe élé-

mentaire de la chose jugée. Il en résultera que si une personne a un droit d'usufruit sur un immeuble non borné, que le voisin intente l'action *finium regundorum* contre le nu-propriétaire, et que le juge prononce une adjudication contre lui, l'usufruitier ne cessera pas de pouvoir exercer son droit d'usufruit sur la portion adjugée à celui qui a intenté l'action.

24. — L'action *finium regundorum* peut–elle être intentée par celui qui a la possession de l'un des immeubles?

Tout d'abord écartons l'hypothèse d'une simple détention ou possession naturelle, car elle ne peut conférer à celui qui l'invoque aucun droit réel, et dès lors, nous dirons que ni le locataire, ni le commodataire, ne pourraient intenter l'action en bornage.

Mais à ce fait de la détention peut se joindre l'intention d'être propriétaire, et lorsque cela se présente, cette possession est protégée par le préteur d'interdits que le possesseur pourra invoquer contre les tiers, autres que le véritable propriétaire. Ce possesseur pourrait–il intenter l'action *finium regundorum?* À cet égard, on distingue généralement entre le possesseur de bonne foi et le possesseur de mauvaise foi. Quant au premier, il le peut, cela n'est pas douteux, car sa bonne foi l'assimile au véritable propriétaire, 1. 136. D. 50. 17.

Mais pour le possesseur de mauvaise foi, nous ne croyons pas qu'on puisse lui accorder cette action, d'abord parce qu'aucune loi n'en fait mention, ensuite parce qu'il ne peut pas intenter d'action relativement aux choses qu'il possède de mauvaise foi, 1. 31, § 4. D. 5. 3.

25. — Nous avons vu entre quelles personnes peut se donner l'action *finium regundorum*. Il peut arriver que celui qui avait le droit de l'intenter, perde ce droit. C'est, par exemple, un propriétaire qui vend son immeuble non limité; ou bien, il peut se faire que par suite de l'exercice de l'action *communi dividundo,* le fonds commun ait été divisé en deux fonds; ou bien encore, que le propriétaire soit changé, parce que le juge a adjugé à un seul la totalité du fonds commun. Dans toutes ces hypothèses diverses, les nouveaux propriétaires ont conservé le droit d'intenter l'action *finium regundorum :* c'est ce que dit la loi 9. D. huj. tit. « Quoique les *socii* aient agi par l'action *communi dividundo* ou aient aliéné le fonds, cependant l'action *finium regundorum* subsistera. » C'est là une application d'un principe posé par la loi 4. § 5, à savoir que cette action appartient en quelque sorte plus aux fonds qu'aux personnes, et il en résulte que tant que le fonds existe, l'action en bornage pourra être intentée, malgré les changements des personnes qui avaient le droit de l'exercer.

CHAPITRE IV.

26. — Nous connaissons déjà l'objet de l'action *finium regundorum*; il faut y insister davantage. Son premier but est de rechercher et de faire déterminer les limites de deux ou plusieurs fonds limitrophes, et de fixer l'espace de cinq pieds que la loi des douze tables a ordonné de laisser entre les héritages contigus.

Mais ce n'est pas le seul objet de l'action *finium regundorum,* elle en a d'autres que nous allons énumérer successivement.

27. — L'action *finium regundorum* pourra être employée par l'un des propriétaires contre l'autre, afin d'obtenir la restitution d'une portion de son bien qui aurait été usurpée par lui, soit par des empiétements successifs, soit à la suite d'un accident qui aurait troublé les confins.

C'est cette opinion qui est prévue par la loi 8, D. huj. tit. Ulpien y suppose qu'un fleuve sortant de son lit a rendu par l'inondation les limites des fonds méconnaissables, un propriétaire en a profité et veut usurper une portion du terrain (locus) sur laquelle il n'a aucun droit. Alors, dit Ulpien, le président de la province lui ordonnera de ne pas toucher ce qui est à autrui, de le rendre à son propriétaire, et il fera déterminer les limites par un *mensor*.

28. — A cette décision, nous rattachons la loi toute pénale portée par Constantin (l. 4. C. iii. 39), et par laquelle il déclare que celui qui ayant ainsi voulu usurper la propriété d'autrui, succombera dans l'action *de finibus* par lui intentée, perdra non-seulement ce qu'il réclamait à tort, mais encore un espace équivalent à celui qu'il aura tenté d'enlever.

29. — Un second exemple de notre proposition nous est fourni par la loi 7 du titre que nous étudions. Le jurisconsulte Modestin suppose (c'est du moins l'opinion de Cujas) que les limites des *Agri assignati ou quæstorii* ont été troublées, l'un des propriétaires possède une portion (locus) plus grande que celle à laquelle il a droit d'après le résultat du partage, la part des autres est diminuée d'autant, celui qui n'a pas la mesure exacte, pourra intenter l'action *finium regundorum,* et alors on mesurera la centurie toute entière, et celui qui avait trop rendra à celui qui avait moins, afin d'arriver ainsi à l'égalité primitive.

30. — Tout ceci se rattache à ce principe que le juge doit rechercher les limites pour les faire fixer. Comment le fera-t-il? Quels moyens de preuve employer? Nous réservons cette question, mais dès à présent nous pouvons dire que la plupart du temps ses investigations l'amèneront à reconnaître les limites premières et alors il ordonnera de les marquer au moyen de signes usités dans le pays.

31. — Il pourrait arriver cependant que le juge ne pût pas découvrir les limites anciennes, ou même qu'après les avoir découvertes, la plantation des mar-

ques destinées à les indiquer, présentât des inconvé-
nients. Dans ce cas, le juge, sans s'inquiéter de la
limitation originaire, fixèra les limites au moyen
d'une *adjudicatio,* c'est–à–dire qu'il donnera à l'un
la propriété d'une partie du bien de l'autre, et condamnera celui qui se trouvera ainsi enrichi à payer
une indemnité à son voisin dépossédé. (L. 2, § 1. —
L. 3. D. huj. tit.)

32. — L'action *finium regundorum* pourra encore
produire d'autres effets et notamment s'il y a des
constructions et des plantations qui empiétent sur la
propriété voisine) le juge de cette action en ordonnera
la démolition ou l'extraction. (l. 4. § 3. D. huj.)

33. — Le juge de l'action *finium regundorum* fera
observer les règlements relatifs aux distances qui
doivent exister entre les fonds à limiter, et si au
mépris de ces règlements l'une des parties a fait des
travaux, le juge en ordonnera la destruction. C'est
ici le lieu de citer la loi dernière de notre titre,
empruntée, à Solon : « *Si quis sepem ad alienum
prœdium fixerit, infoderitque, terminum ne exce-
dito, si maceriam pedem relinquito, si vero domum
pedes duos; si sepulchrum aut scrobem foderit
quantum profunditatis habuerint, tantum spatii
relinquito; si puteum passus latitudinem; atvero
oleum aut ficum, ab alieno ad novem pedes plantato,
cœteras arbores ad pedes quinque.* »

34. — Le juge de l'action *finium regundorum* fera
supporter à chacune des parties les frais qui auraient
été nécessaires pour arriver au bornage, et notamment les honoraires qui seront dus au *mensor,* encore

que ses services n'aient été demandés que par l'un des voisins (l. 4. § 1. *in fine*).

35. — Il peut arriver que par suite de la confusion des limites, l'un des propriétaires ait fait des dépenses au sujet d'un fonds qu'il croyait lui appartenir, où qu'il ait perçu les fruits de ce fonds, et qu'en suite la délimitation le donne à son voisin, de là naîtront des obligations dont le jugé de l'action *Finium regundorum* pourra connaître. C'est en effet ce qui est dit par la loi 4. § 1. D. huj. tit : *in judicio finium regundorum etiam ejus ratio sit quod interest quid enim si quis aliquam utilitatem ex eo loco percepit quem vicini esse appareat? inique damnatio eo nomine fiet.*

35. — Mais il s'est élevé au sujet des impenses que peut réclamer le voisin dépouillé, une question importante. Aura-t-il droit à toutes les impenses *utiles*, ou au contraire seulement à celles qui sont nécessaires? Nous croyons qu'il aura droit aux dépenses utiles ; le texte de Paul que nous avons cité le fait supposer, et au surplus la loi 4. § 3. D. X. 3. s'occupant de l'action *communi dividundo* admet au profit du communiste qui a fait des dépenses, au sujet de la chose commune, la répétition de ces impenses sans distinguer celles qui n'auraient été qu'utiles de celles qui auraient été nécessaires.

37. — Voilà pour les impenses. Mais *quid* des fruits qui ont été perçus par celui des voisins qui n'était pas propriétaire? Sur cette question il est nécessaire de faire une distinction.

Et d'abord ces fruits ont ils été perçus après la *litiscontestatio*, ici point de difficulté possible, tout le monde admet qu'ils doivent être restitués par celui qui les a reçus indûment, et en effet, à partir de la *litiscontestatio*, il y a pour ainsi dire un dol, ou tout au moins une faute de la part des deux voisins qui doivent s'attendre à ce que la ligne divisoire de leurs héritages empiétera sur leurs possessions actuelles, ils doivent donc bien prévoir une restitution possible tout au moins, et dès lors ils cessent d'être complètement de bonne foi (l. 4. § 2. D. x. 1.)

Mais les fruits peuvent avoir été perçus avant la *litiscontestatio*. Alors une sous-distinction est nécessaire ou le possesseur a été de bonne foi ou il a été de mauvaise foi.

38. — Je m'occupe tout de suite de cette dernière hypothèse, et faisant au possesseur de mauvaise foi l'application des principes généraux du droit romain, je dirai qu'il sera tenu de restituer tous les fruits perçus, consommés ou non, et même ceux qu'il aurait négligé de percevoir.

39. — S'agit-il au contraire d'un possesseur de bonne foi, alors la règle change et il est nécessaire de reproduire ici la solution qui nous est fournie par un texte du titre que nous étudions : *Post litem autem contestatam etiam fructus venient in hoc judicio nam et culpa et dolus exinde præstantur, sed ante judicium percepti non omnimodo venient. Aut enim bonâ fide percepit et eum lucrari oportet, si eos consumpsit : aut malâ fide et condici oportet.*

A prendre ce texte à la lettre, la solution est celle-ci : le possesseur de bonne foi a-t-il encore dans ses mains les fruits perçus avant la *litiscontestatio*, il doit les rendre, les a-t-il consommés, il en devient par ce fait propriétaire définitif.

Cette décision est certaine du moins depuis Justinien, car dans le § 35 du liv. 2, tit. 1. de ses Institutes cet empereur établit très-nettement la différence entre les fruits consommés et ceux qui existent encore.

Mais on est moins d'accord en ce qui concerne l'époque du droit classique, et on croit généralement que l'existence des fruits perçus par le possesseur de bonne foi, n'autorisait pas alors le véritable propriétaire à les réclamer. C'est aussi notre opinion, et en effet un point hors de toute discussion c'est que le possesseur de bonne foi est mieux traité que l'usufruitier, car tandis que celui-ci ne gagne les fruits que par la perception, celui-là les fait siens par leur seul séparation du sol. Or, l'usufruitier n'est pas tenu de rendre au propriétaire, les fruits qui existent encore entre ses mains à la fin de l'usufruit.

En admettant cela, il faut dire que la loi 4, § 2, de notre titre a été corrigée par les compilateurs de Justinien afin de la mettre d'accord avec la doctrine nouvelle et que les mots « *si consumpti sint* » établissent une innovation défavorable au possesseur de bonne foi.

CHAPITRE V.

40. — Nous connaissons le but de l'action *finium regundorum*, les divers objets qu'elle embrasse : de graves et difficiles questions nous restent à examiner. Cette action est elle personnelle ou réelle? Justinien la dit mixte, que faut-il entendre par là? Est-elle de bonne foi, de droit strict, arbitraire? Autant de points délicats qui ont soulevé parmi les commentateurs du Digeste et qui soulèvent encore parmi les interprètes modernes, les plus ardentes controverses.

§ 1er *Cette action est-elle personnelle ou réelle?*

41. — Nous la croyons personnelle. En effet, nous avons sur cette question deux textes qui sont d'une très-grande clarté. C'est d'abord la loi première de notre titre, elle est ainsi conçue : « *Actio finium regundorum in personam est, licet pro vindicatione rei.* » et elle signifie qu'alors même que cette action serait donnée pour reprendre une portion de terrain comprise dans la partie possédée par le voisin, elle n'en conserverait pas moins son caractère personnel.

Et en effet, une action n'est pas réelle par cela seul

qu'elle tend à obtenir une restitution. Non, autrement il faudrait dire que l'action de dépôt, de commodat, sont des actions réelles, ce qui n'est pas. Elle est réelle si la contestation porte sur la propriété ou un des démembrements de la propriété, si on invoque son titre de propriétaire ou d'usufruitier, de propriétaire d'un fonds dominant, mais toutes les fois qu'on agit soit en vertu d'un contrat ou d'un quasi-contrat, d'un délit ou d'un quasi-délit, l'action est personnelle encore qu'elle soit intentée par le propriétaire ou celui qui prétend à un droit semblable à celui du propriétaire.

42. — Or, d'où naît l'action *finium regundorum?* Incontestablement elle naît de la communauté légale qui résultant de la confusion des frontières établit entre les limitrophes, des rapports respectifs qui subsisteront tant que l'opération du bornage n'aura pas déterminé et limité les droits de chacun. Mais dans cette action le demandeur ne soutiendra pas *hanc rem meam esse,* il prétendra que le défendeur est tenu de supporter un fait, soit la visite des lieux, soit la confrontation des possessions avec les titres et le cadastre, soit l'examen des limites précédentes, toutes choses qui pourront amener à une restitution de propriété sans que cependant la demande soit réelle.

43. — Le second texte à l'appui de cette opinion est la loi 1, § 1. C. vii. 40. Justinien parlant de la prescription de trente ans, déclare que toutes les actions personnelles y sont soumises, et parmi ces actions, il cite l'action *familiæ erciscundæ, communi dividundo, finium regundorum.*

44. — Bien que ces deux lois fussent d'une très-grande lucidité, Voet a combattu avec une profonde conviction la personnalité de l'action *finium regundorum;* pour lui c'est une action réelle, et en effet, quel est le but du demandeur? c'est d'obtenir par une espèce de revendication sa propre chose, lui appartenant *jure dominii* et possédée à tort par son *confinis* à la suite de la confusion des limites, et aussi les textes disent-ils que cette action *pro rei vindicatione est...* (l. 1. D. huj. tit.) *Cohœret controversiœ proprietatis* (l. 3. C. huj. tit.).

Mais ces motifs ne nous paraissent pas suffisants, car dans l'action *finium regundorum,* l'incertitude du tracé des limites empêche la revendication. Oui, il est bien vrai, comme le pense Voet, que le voisin qui agit est propriétaire, mais jusqu'à quelle distance? C'est là ce qu'il ne peut affirmer. S'il le pouvait, sa prétention serait que son voisin n'est pas propriétaire, qu'il possède à tort. Ce serait la revendication, action *in rem* par excellence. Mais telle n'est pas l'action *finium regundorum,* celui qui agit reconnaît la propriété de son voisin, seule la question d'étendue est en jeu, et incontestablement la question à juger est celle-ci : tel ne possède-t-il pas plus que ce à quoi il a droit, n'est-il pas tenu de subir le fait du mesurage, a-t-il perçu des fruits qu'il n'aurait pas dû percevoir, a-t-il fait des dépenses, et toutes ces questions présentent un caractère personnel.

45. — Cette action est donc personnelle, et cependant Justinien après avoir dans ses Instituts établi la division *summa* des actions en actions réelles et en actions personnelles, les avoir classées selon leur

but, en actions *rei persecutoriæ, pœnæ persecutoriæ*
et mixtes, arrive à créer dans le § 20 du liv. 4 tit. 6 de
ses Instituts, une dénomination spéciale pour les
actions divisoires au nombre desquelles figure celle
que nous étudions. Ce paragraphe est important,
nous le reproduisons.

« *Quædam actiones mixtam causam obtinere viden-*
« *tur, tam in rem quam in personam : qualis est*
« *familiæ Erciscundæ actio, quæ competit cohere-*
« *dibus de dividenda hereditate ; item communi divi-*
« *dundo, quæ inter eos redditur inter quos com-*
« *mune est, ut id dividatur; item finium*
« *regundorum, quæ inter eos agitur qui confines*
« *agros habent. In quibus tribus judiciis permitti-*
« *tur judici, rem alicui ex litigatoribus ex bono et*
« *œquo adjudicare et si unius pars prægravari*
« *videbitur, eum invicem certa pecunia alteri con-*
« *demnare.* »

Quelle est au juste la portée de ce texte, à quel
point de vue surtout faut-il considérer cette action
comme *mixte*, telle est la question délicate, sur
laquelle des opinions nombreuses se sont produites,
dont nous allons rappeler ici celles qui se sont plus
facilement accréditées.

46. — 1ᵉʳ système — Si on se rappelle les différents
objets que l'action *finium regundorum* embrasse,
(nous pourrions dire la même chose des deux autres
actions divisoires), on a remarqué qu'au moyen de
cette action, on peut obtenir tout à la fois des prestations personnelles, et une restitution de propriété.
et en effet, que demande celui qui agit par l'action
que nous étudions ? la partie de son champ possédée

à tort par son *confinis* à la suite de la confusion des limites. A ce point de vue, l'action est dite *pro rei vindicatione esse* (l. 1. D. h. tit.) Tel est le caractère *in rem* de cet action. Mais par cette action il est permis aussi de poursuivre d'autres prestations, par exemple, les fruits perçus à tort, le paiement d'une partie du salaire de l'agrimensor, les profits retirés par le non-propriétaire, alors que l'indivision l'avait mis en possession du fonds de son voisin. Tel est le caractère *in personam* de cette action, et la réunion de ces deux éléments fait que l'action est mixte.

Ce système se réfute aisément si on examine les principes de la procédure formulaire à Rome. A ce point de vue il est impossible qu'une action soit tout à la fois réelle et personnelle, ce qui s'exclut. Nous ne disons pas qu'il est impossible d'agir par deux actions, l'une réelle, l'autre personnelle. Nous disons qu'une seule et même action ne peut pas réunir ces deux caractères, et cela se manifeste très-sensiblement à l'époque du système formulaire, car dans l'intention de la formule *in rem*, le nom du demandeur ne figure pas, tandis que dans l'*intentio* de la formule *in personam*, la relativité du droit allégué exige que le défendeur soit désigné. Or pourrait-on comprendre une *intentio* dans laquelle le nom du défendeur figurerait et ne figurerait pas ? C'est absurde.

47. — 2ᵐᵉ système. — Le caractère mixte de cette action et des deux autres divisoires consiste en ce que,. en raison de l'incertitude des droits de chacun des propriétaires voisins, il sont l'un et l'autre considérés en même temps comme défendeurs et comme deman-

deurs, en général, le demandeur peut bien succomber dans sa prétention, mais le défendeur seul peut être condamné. Ici au contraire une condamnation proprement dite peut être prononcée tout aussi bien contre le demandeur que contre le défendeur.

48. — Ainsi formulée, cette opinion est incontestable et nous signalons ici, pour ne pas y revenir, la loi 10 du titre que nous étudions : « *Judicium communi dividundo, familiæ erciscundæ, finium regundorum tale est ut in eo singulæ personæ duplex jus habeant, agentis et ejus cum quo agitur*. Chacune des deux parties est donc considérée comme demanderesse et comme défenderesse, il en résultera qu'elle sera tenue de prêter un double *jusjurandum calumniæ*, c'est-à-dire qu'elle devra jurer qu'elle n'intente pas le procès *calumniæ causâ* et qu'elle n'y défend pas *calumniæ causâ* l. 44. § 4. D. 10. 2. Il en résultera encore que le *procurator* donné pour intenter ces actions, sera donné aussi pour y défendre et devra fournir une double caution. l. 15, § 1, D. 3. 3. Cependant c'est celui qui intente l'action qui joue le rôle de demandeur et ce sera à lui qu'incombera l'obligation de la preuve l, 13. D. v. ɪ. (arg. l. 1. § 1. D. 10. 2.

C'est là nous venons de le dire, une opinion incontestable, mais ce qui est très douteux, c'est que Justinien ait qualifié ces actions de *mixtæ* en les considérant sous ce rapport particulier, alors que dans cette loi que nous venons de citer Justinien parle d'un droit *double*. Si cependant on insiste. Qu'on nous dise ce que signifieront ces mots du § 20, *tam in rem quam in personam*. Que de ces actions mixtes il y en tant parmi les actions réelles que parmi les actions personnelles? Mais Justinien ne mentionne que trois actions et nous pensons qu'elles sont personnelles. Quelles seront donc les actions réelles qui auront ce caractère mixte? Nous n'en connaissons point, à moins qu'on ne veuille considérer comme tels, l'interdit *utrubi* et l'interdit *uti possidetis* l. 37, § 1, D., 44-7. Mais l'interdit n'est pas une action et quand l'empereur parle d'actions, il est peu probable qu'il confonde ces deux institutions.

49. — 3ᵉ système. — Il appartient à M. de Savigny. Cet illustre romaniste pense que cette action qui a pour la plupart du temps une question d'obligation à résoudre, et c'est là son caractère personnel, peut aussi dans des cas donnés, servir à résoudre une question de propriété, par exemple lorsque il y a incertitude sur la position véritable des limites, ou sur l'étendue que doit avoir le fonds de l'un des voisins. La loi 1, § 1, D., 10-2, nous cite un exemple dans lequel le juge doit trancher une question de propriété, et l'action *finium regundorum* pourra très-souvent présenter ce caractère, si les parties ne sont pas d'accord sur l'emplacement des bornes.

M. de Savigny pense en outre que ces actions divisoires avaient ce caractère de *mixtæ* au point de vue de la formule, *l'intentio* contenant le nom du défendeur, l'adjudication ne le contenant pas, et c'est là ce qui aurait rendu cette action *tam in rem quam in personam.*

Mais cette opinion ne nous paraît pas complètement fondée. D'une part, si le juge doit dans ce cas décider une question de propriété, ce ne sera qu'une exception : or, ce n'est pas dans l'exception qu'il faut chercher un caractère spécial appartenant à notre action. Ce qu'il faut examiner, c'est la demande principale et directe, et nous avons dit qu'elle est personnelle.

D'autre part, il n'est pas démontré que ces actions divisoires aient eu ce caractère de *mixtæ tam in rem quam in personam*, et aient porté cette qualification à l'époque du système formulaire, et quand cette preuve serait faite, cela ne suffirait pas, car peu importe *l'adjudicatio*, c'est *l'intentio* qu'il faut consulter. Or, il est impossible que le demandeur allègue à la fois un droit de propriété et un droit de créance, qu'il soit nommé et qu'il ne le soit pas.

50. — 4ᵉ système. — Les actions que nous étudions conservent leur caractère personnel, seulement elles ont ceci de spécial, c'est que le juge a le pouvoir ici de transférer directement la propriété et de prononcer en même temps des condamnations pécuniaires. Et voici comment se traduisent ces premières lignes du § 20 : *quædam actiones mixtam causam obtinere videntur tam in rem quam in personam;* Certaines actions paraissent poursuivre un but mixte, soit relatif aux choses, soit relatif aux personnes.

Tel est le système qui nous semble devoir prévaloir, car Justinien après avoir dans le même paragraphe, indiqué quelles sont les actions spéciales, explique sa pensée en ajoutant : « Dans ces trois actions, il est permis au juge D'ADJUGER LA CHOSE à l'un des plaideurs, et si la part de l'un ne paraît pas égale, il peut forcer l'autre à lui PAYER UNE CERTAINE somme. » Il semble donc bien à lire ce texte que Justinien a voulu, sans en faire une catégorie spéciale, mentionner à part ces trois actions qui seules peuvent aboutir à une *adjudicatio* et à une *condemnatio*. Mais il n'entend pas abroger la *divisio summa* des actions, établie dans les paragraphes précédents, et qui les classe en actions *in rem et in personam*.

§ 2. *Cette action est-elle de bonne foi, de droit strict, arbitraire ?*

51. — L'action de bonne foi permettait au juge de peser toutes les considérations d'équité qui pouvaient militer en faveur du défendeur, ainsi que toutes les prétentions contraires. C'est là le caractère spécial de ces actions, le juge avait la *libera potestas ex œquo et bono existimandi quantum actori restitui debeat*.

52. — L'action de droit strict, au contraire, était renfermée dans les limites étroites de la demande, et à moins qu'une exception soigneusement insérée dans la formule par le défendeur, n'eût apporté quelque restriction à la prétention posée dans *l'intentio*, le juge devait l'examiner sans tempérament et en elle-même.

53. — A côté de ces actions, il y avait une classe mixte, à part et destinée à corriger ce que les exigences du droit civil avaient de défectueux. Et en effet, sous le système formulaire, toute condamnation aboutissait à une somme d'argent. Or, il est facile de comprendre qu'une telle satisfaction pouvait paraître insuffisante pour celui qui, par exemple, dépossédé d'une partie de son immeuble, la revendiquait et

obtenait en place de ce bien une somme d'argent dont la quantité ne pouvait pas remplacer l'immeuble lui-même. Aussi dans ces actions, le juge avait-il coutume de rendre un *jussus* par lequel il enjoignait au défendeur de donner une satisfaction que la crainte d'une trop forte somme à payer faisait presque toujours fournir.

54. — Dans laquelle de ces différentes classes d'actions devons nous ranger celle qui nous occupe. Est-ce parmi les actions de bonne foi? Nous ne le pensons pas. Cicéron cite plusieurs exemples d'actions de bonne foi (1). Gaius et Justinien complètent ce nombre (2) et nulle part nous ne voyons figurer dans l'énumération l'action *finium regundorum*. Si nous étudions les textes, ils semblent confirmer implicitement notre solution. En effet, la loi 4, § 2, D., 10-1, que nous avons déjà étudiée, nous montre que par cette action l'un des voisins ne peut obtenir que les fruits perçus *depuis la litiscontestatio*. Quant à ceux qui ont été perçus avant, il faut les demander par une action spéciale. Or dans les actions de bonne foi, les fruits perçus *avant la litiscontestatio* peuvent être dûs *ex morâ*, et le juge peut sans action spéciale prononcer incidemment une condamnation à leur sujet. (L. 38, § 7, D., 22-1. — 34 eod. tit.).

55. — Cependant on enseigne souvent que cette action doit être de bonne foi, parce que Justinien dans

____

(1) Cicéron. Topiques, c. 17. — *De officiis*, III, 15 et 17. — *De naturâ Deorum*, III, 30.

(2) Gaius, IV, 62. Justinien, § 28, t. 6.

l'énumération qu'il donne au § 28, cite comme action de bonne foi les deux autres actions divisoires *familiæ erciscundæ et communi dividundo*, qui sont assimilées aussi par lui dans le § 20. Mais cela ne suffit pas pour nous convaincre. Car de ce que Justinien n'a point parlé de cette action lorsqu'il indiquait les actions de bonne foi, nous concluons qu'il entendait classer à part l'action *finium regundorum*, et nous y sommes d'autant plus autorisés que dans le Code, les compilateurs s'occupant des actions divisoires, intercalent entre les deux autres et l'action *finium regundorum,* le titre 38 du livre 3 qui est ainsi intitulé : *Communia utriusque judicii, tam familiæ erciscundæ quam communi dividundo,* laissant de côté l'action qui nous occupe. Il n'en faut pas davantage pour nous démontrer que ces trois actions sont loin de se ressembler en tous points et que celle que nous étudions diffère sensiblement des deux autres qui ont entre elles plus de liens communs.

56. — Ce que nous avons dit tout à l'heure au sujet des fruits, à savoir que dans l'action *finium regundorum* ils ne pouvaient pas être dûs *ex morâ*, devrait peut-être nous amener à dire que c'est là une action de droit strict, et bien des auteurs ont tiré la conclusion que nous mentionnons ; cependant la latitude accordée au juge de l'action *finium regundorum, d'adjudicare ex bono et æquo* ne nous paraît pas compatible avec le caractère essentiellement restrictif des actions de droit strict.

57. — Il ne nous reste que la classe des actions arbitraires, et c'est elle qui doit, à notre avis, com-

prendre cette action. Et en effet, nous l'avons dit plus haut, l'action arbitraire est celle dans laquelle le juge prononce un *arbitrium* qui sera suivi de condamnation si le défendeur n'exécute pas l'ordre donné..... *Actiones arbitrarias vocamus, in quibus nisi arbitrio judicis is cum quo agitur actori satisfaciat, veluti rem restituat..... condemnari debeat.* (Instit., l. 4, t. 6, § 31).

Ces actions sont indiquées dans le paragraphe que nous venons de noter, et Justinien ne les énumère pas limitativement, car il se sert de ces termes : *In his enim actionibus et cœteris similibus.* Nous pouvons donc, par suite de l'analogie qui existe entre cette action et l'action en revendication que tous les auteurs considèrent comme arbitraire, décider qu'elle est arbitraire, car elle est *pro rei–vindicatione... proprietatis controversiœ cohœret.*

58. — Mais cette analogie ne nous suffit pas, il nous faut d'autres preuves. Nous en trouvons une qui nous paraît décisive dans la loi 4, § 3. D. huj. tit. Elle est ainsi conçue : *Sed et si quis judici non pareat in succidendâ arbore, vel œdificio in fine deponendo parte ve ejus, condemnabitur.* N'est-ce pas là le caractère que nous avons indiqué et qui remarque ces actions, c'est–à–dire que la condamnation ne sera prononcée qu'autant que le *jussus* du juge n'aura pas été suivi d'exécution?

Une autre preuve non moins forte se trouve dans le § 6 au titre *de officio judicis.* Justinien nous dit à la fin de ce paragraphe : *Contumaciœ quoque nomine quisque eo judicio condemnabitur, veluti si quis ju–*

bente judice, agros metiri non passus fuerit. Ce texte explique que le juge de l'action *finium regundorum* ordonnera le mesurage des champs, opération préalable au bornage, le défendeur s'y opposant le juge le condamnera. Ici encore nous retrouvons très-nettement indiqué le caractère des actions arbitraires.

CHAPITRE VI.

59. — L'action *finium regundorum,* bien qu'étant une action personnelle, tendra souvent à obtenir la restitution de la propriété usurpée par l'un des voisins; en sorte qu'elle jouera le rôle de la revendication, et nous savons que la loi première de notre titre l'explique d'une façon très-positive. Aussi, de même que la revendication, elle pourrait être précédée de l'interdit *uti possidetis,* dont l'objet serait de confier la possession intérimaire à chacune des parties, dans une proportion plus ou moins grande, comme aussi l'interdit *unde vi* pourrait être accordé à l'un des voisins contre l'autre, afin de pouvoir rentrer dans la possession d'un champ dont il aurait été expulsé avec violence. Gaius. iv. 148. 160.

60. — Nous arrivons à la procédure de l'action elle-même, et nous avons à distinguer deux phases principales : la procédure *in jure,* la procédure *in judicio.*

Iº La première ne nous retiendra pas longtemps, car nous n'avons pas de renseignements bien particuliers sur cette action qui était soumise aux mêmes formalités que toutes les autres. Si nous en croyons Noodt (*ad Pandectas.* x. 1.) la disposition de l'édit prétorien devait être conçue en ces termes : *Finium regundorum si agetur inter confines, arbitrum dabo, ut fines ejus arbitratu regantur; item si quid damni, datum factum ve erit, si quid eo nomine alicui aberit aut ad eum pervenerit, ut id præstetur.*

Devant le magistrat, chacun des plaideurs exposait sa prétention, tous deux jouant le rôle de demandeurs (l. 10. D. 10. 1); chacun d'eux produit ses exceptions et ses répliques, et c'est alors qu'est rédigée la formule qui renferme *tous* les éléments de la formule romaine et qui sont :

61. — 1° Une *demonstratio*, qui indiquant la chose dont il s'agit, et les faits invoqués par les parties comme base de leur prétention, expliquera qu'elles sont propriétaires de champs voisins, et que la confusion existe et entrave leur liberté.

2° Une *intentio*, dans laquelle les parties résumant leurs prétentions, poseront directement la question du procès, mais en des termes vagues : *Quidquid paret alterum alteri condemnari oportere.*

3° Une *adjudicatio*, qui donnera au juge le pouvoir d'attribuer à l'une des parties un droit de propriété appartenant à l'autre : *Quantum adjudicari oportet, judex Titio adjudicato.*

4° Une *condemnatio*, qui donne au juge le pouvoir de condamner ou d'absoudre le défendeur. Tels sont les éléments qui composeront la formule que délivrera le magistrat, et nous devons signaler ici que les trois actions divisoires seules ont une formule aussi étendue et comprenant toutes les parties que Gaius énumère dans son § 69. C. iv.

Ajoutons que la formule donnait encore au juge le

pouvoir de prononcer un *arbitrium*, dont l'inexécution entraînait la condamnation de celle des parties qui n'avait pas obéi.

62. — La délivrance de la formule produisait la *litiscontestatio*, dont les effets importants demanderaient une étude spéciale. Pour le moment, nous nous bornons à en indiquer deux, dont le premier est dans notre titre même, et dont le second y touche de très-près.

Le premier de ces effets est indiqué par la loi 4, § 2. D. 10. 1. C'est au point de vue des fruits que la *litiscontestatio* va jouer un des rôles les plus importants. Tous ceux qui auront été perçus depuis la délivrance de la formule, que le possesseur soit de bonne ou de mauvaise foi, devront être restitués à celui qui sera reconnu le propriétaire. Et c'est là une conséquence du second effet que nous indiquons, à savoir :

2° Que la *litiscontestatio* fixe le droit des parties, et que pour apprécier ce qui doit être rendu, restitué à chacune d'elles, il faut se placer au moment même où le *judicium* a été *acceptum;* au moment où a eu lieu la délivrance de la formule. C'est ce qui est exprimé par la loi 35. D. 50. 16 : *Restituere autem quis intelligitur qui simul et causam actori reddit, quam is habiturus esset, si statim judicii accepti tempore res ei reddita fuisset, id est, et usucapionis causam et fructum.*

II° Nous arrivons à la seconde phase du procès, celle qui se passe *in judicio.*

63. — La loi des douze tables s'occupant des contestations entre voisins, au sujet de la limite des

champs, statuait que trois arbitres seraient chargés d'en connaître. Plus tard, la loi *Manilia* supprima deux des arbitres pour n'en plus laisser qu'un seul.

Quel était le rôle de ces arbitres ? C'est là une question délicate, il paraît certain que les anciens distinguaient à cet égard la *controversia de fine* et la *controversia de loco*. Dans la première, qui n'était relative qu'à l'espace de cinq pieds qui séparait les fonds, une classe d'hommes, les *agrimensores*, jugeaient par eux-mêmes. Pour la *controversia de loco,* qui avait quelque trait de ressemblance avec la revendication, le juge ordinaire statuait et l'*agrimensor* n'avait plus alors mission que d'éclairer la justice par les données que sa science lui fournissait. Cette distinction existait encore au temps de Constantin, l. 2. C. Th. 2. 26, et une constitution de Théodose II la mentionne aussi, l. 4. 5. C. Th. h. tit.

Dans la compilation de Justinien, toutes ces contestations paraissent être soumises à la juridiction ordinaire, et le juge qui devra connaître de l'action pénale en déplacement de bornes, connaîtra aussi de l'action *finium regundorum,* bien que le juge du criminel ne puisse pas juger la question civile (L. 4, § 4. D. x. 1. — L. 61, § 1. v. 1.).

64. — Quoiqu'il en soit, le juge est nommé par la formule, il a une mission, il doit la remplir, comment y parviendra-t-il ?

Cette question est résolue par des textes assez nombreux du titre que nous étudions.

65. — C'est déjà la loi 8 § 1. « Il est permis au juge qui connaît de l'action en bornage, d'envoyer des arpenteurs et sur leur rapport de décider d'après

l'équité, la difficulté relative aux limites, et si les circonstances l'exigent, en prenant connaissance des lieux. » Telle est la disposition de cette loi, qui commande aux juges de s'aider des lumières des hommes de l'art, et de se rendre ensuite sur les lieux. C'est qu'en effet la visite des lieux sera le plus souvent très-instructive, car le juge y trouvera probablement des souches, des pierres, des fossés qui détermineront l'étendue primitive des droits de chacun. Cependant cette visite n'est prescrite par la loi que *si ita res exigit*, et les commentateurs anciens supposent que ces cas de nécessité étaient très-restreints, afin de ne pas multiplier entre les plaideurs, les frais inutiles (l. i. D. liv. v tit. ii — liv. vi D. iv 4.)

66. — Ce même principe est consacré par la loi 3 C. iii. 39 Elle ajoute que l'arpentage des champs doit être fait en présence des parties, mais que si l'une d'elles ne voulait pas se rendre sur les lieux afin d'éviter ainsi l'exercice de l'action, l'arpentage n'en serait pas moins possible, et l'*agrimensor* envoyé sur les lieux par ordre du président de la province agira en présence seulement de celle des parties qui comparaîtra.

67. — L'inspection des lieux peut ne pas suffire pour trancher la question des limites de chacun des fonds qu'il s'agit de borner, et c'est alors qu'il faut avoir recours à d'autres preuves que les textes nous indiquent; c'est d'abord l'autorité des monuments anciens et du cadastre qu'il faut consulter, l. ii D. huj. tit.

Et ceci est tout naturel, car l'état ancien des lieux

peut établir une preuve très-grande, s'il n'est pas démontré qu'on ait voulu déroger à ce qui existait tout d'abord. Aussi, voyons-nous dans plusieurs textes, que l'ancienneté doit faire la loi, et prévaloir, toutes les fois qu'il n'y aura pas de preuve contraire (l. 32 D. l. i. iv — l. i § 23. l. 26 D. 39. 3 — l. 3 § 4 D. 43. 20 — l. 2-C. ej. tit. l. 16 C. iv 20.)

68. - Le cadastre surtout devra être examiné avec soin. En effet, établi par mesure d'utilité publique et nullement pour les besoins de la cause, il doit rester à l'abri de tous soupçons. Dans le cadastre, sont indiqués, la situation des lieux, les deux plus proches voisins, l'étendue des terrains et tout ce qui est de nature à déterminer la propriété de chacun (voy. l. 4. D. 50. 15.)

Mais il faut mentionner ici une restriction que la loi 11 apporte. C'est que le cadastre devra pour servir de preuves avoir été dressé avant le commencement du procès. « *Census auctoritas ante litem inchoatam ordinati*; en effet le juge peut considérer comme suspect et inutile, tout ce qui serait fait par l'un des plaideurs après l'ouverture des débats, à moins que cependant, l'autre partie ne le sache ou n'y consente (arg. l. 4 § 1 D. 39 3.)

69. — Nous avons dit que l'autorité des monuments anciens et du cadastre devait être respectée, mais la fin de la loi 11 établit elle-même une exception toutes les fois qu'il sera évident que les limites ont été changées et que à la suite des successions ou au gré des posesseurs, des fonds auront été ajoutés ou retranchés (l. ii *in fine*.)

Et en effet, comme le dit un rescrit des empereurs

Dioclétien et Maximin, « la variété des successions, et de nouvelles conventions entre les parties, en ajoutant aux fonds et en les diminuant, changent souvent les désignations portées par les anciens monuments. » l. 2 Cod. 3. 39.

70. — Dans cette exception que nous venons d'indiquer et qui porte atteinte à l'autorité du cadastre et des monuments anciens, il faut faire rentrer le cas prévu par la loi 12. D. huj, tit. et la loi 1 C. iii 39. Voici l'hypothèse. Un propriétaire a deux fonds séparés l'un de l'autre par des limites distinctes, il change les limites de ces fonds, en établit de nouvelles, et vend un de ses immeubles. Les bornes anciennes, ne sont point enlevées, mais les nouvelles ont pour but de rendre le champ vendu ou plus large, ou plus étroit. Le propriétaire a désigné à l'acheteur ces nouvelles limites et non pas les anciennes (et même il est contraint de les *demonstrare* par l'action *ex empto* l. 48 D. 19. 1). Eh bien, si l'acheteur revendique la propriété d'après les anciennes bornes, le vendeur s'y opposera et le juge devra décider que les anciennes limites ayant été changées, l'acheteur doit s'en tenir aux limites nouvelles.

Rien de plus naturel, car comme le dit la loi 11 que nous venons de citer, les limites des fonds peuvent être changées au gré de celui qui les possède, *arbitrio possessorum*, et ce n'est pas la nature qui les établit, mais la volonté de l'homme et la destination du père de famille. l. 24 § 3 D. *de legatis* . i liv. 30.

71. — A défaut de toutes ces preuves, le juge pourra avoir recours aux témoignages, afin de prouver quelles étaient les limites anciennement éta-

blies, et il n'est pas nécessaire que ces témoins aient vu eux-mêmes, il suffirait qu'ils rapportassent ce qui, vu par d'autres, est ensuite venu à leur connaissance. (Arg. 1. 2, § 8. D. 39. 3. — L. 28. D. 22. iii.) Mais les monuments publics et le cadastre sont préférables aux témoins. L. 10. D. 22. iii.

72. — Le juge pourra aussi tenir compte des présomptions, ainsi à moins de preuve contraire, les limites de chaque champ s'étendent jusqu'au milieu du fossé qui les termine, à moins qu'il n'y ait des preuves évidentes du contraire (1).

---

(1) Le Manâva-Marma-Castra, ou recueil des lois de Manou, contient à ce sujet des indications que nous croyons intéressant de rapporter.

Liv. 8. — 250. *On doit mettre sur les limites...* De grosses pierres, des os, des queues de vache, des menues pailles de riz, de la cendre, des tessons, de la bouse de vache séchée, des briques, du charbon, des cailloux et du sable.

251. Et enfin des substances de toutes sortes que la terre ne corrode pas dans un laps de temps considérable, doivent être déposées dans des jarres, et cachées sous la terre à l'endroit des limites communes.

252. C'est au moyen de ces marques que le roi doit déterminer la limite entre les terres des deux parties en contestation, ainsi que d'après l'ancienneté de la possession et d'après le cours des ruisseaux.

253. Mais pour peu qu'il y ait doute dans l'examen des marques mêmes, les déclarations des témoins sont nécessaires pour décider la contestation relative aux limites.

254. C'est en présence d'un grand nombre de villageois et des deux parties contestantes que ces témoins doivent être interrogés sur les marques des limites.

(Suivent, dans les § 255, 256 et 257, des formalités inutiles à rappeler ici.)

258. A défaut de témoins, que quatre hommes des villages voisins situés aux quatre côtés des villages contestants,

73. — Les opérations que nous venons d'indiquer amèneront la plupart du temps le juge à connaître, soit les anciennes limites, soit le lieu où les bornes doivent être placées d'après les droits de chacun des propriétaires contigus. Et alors son rôle sera bien simple, il ordonnera la plantation de pierres bornes sur les limites reconnues, ou il fera abattre un arbre, démolir une construction empiétant sur le terrain du voisin. C'est là que l'*arbitrium* du juge va surtout s'exercer.

Mais quel sera l'effet de l'*arbitrium* du juge, sa seule sanction sera-t-elle de forcer celui qui succombe à exécuter l'ordre donné, de peur d'être condamné à une somme trop forte, ou bien encore l'*arbitrium* du juge a-t-il ce que nous appelons dans notre droit la force exécutoire, et pourra-t-il être

soient invités à porter une décision sur les limites, étant convenablement préparés et en présence du roi.

256. Mais s'il n'y a ni voisins, ni gens dont les ancêtres aient vécu dans le village depuis le temps où il a été bâti, et capables de rendre témoignage sur les limites, le roi doit faire appeler les hommes suivants qui passent leur vie dans les bois.

260. Des chasseurs, des oiseleurs, des vachers, des pêcheurs, des gens qui arrachent des racines, des chercheurs de serpents, des glaneurs et d'autres hommes vivant dans les forêts.

261. Ces gens étant consultés, d'après la réponse donnée par eux sur les marques des limites communes, le roi doit faire établir les limites entre les deux villages.

262. Pour les champs, les puits, les pièces d'eau, les jardins et les maisons, le témoignage des voisins est le meilleur moyen de décision relativement aux bornes.

imposé *manu militari*. Nous le croyons et notre opinion se fonde sur la loi 68. D. *de rei vindicatione*, 6, 1, dont le texte clair et précis semble mettre hors de contexte la décision que nous venons de donner : « *Qui restituere jussus, judici non paret, contendens non posse restituere, si quidem habeat rem,* MANU MILITARI *officio judicis possessio transfertur et fructuum duntaxat, omnisque causæ nomine condemnatio fiet...* »

74. — Si le mesurage, les anciens monuments, le cadastre, les témoignages ne suffisent pas pour éclairer le juge et lui faire connaître les limites anciennes, alors il puisera dans ces pouvoirs le droit de tracer les limites par une *adjudicatio*. L. 2, § 1, D., 10-1 (1).

75. — Cette *adjudicatio* pourra encore être prononcée par le juge dans le cas où elle lui semblerait nécessaire pour écarter toute contestation à venir, encore bien qu'il connaisse les limites anciennes. (L. 2, § 1, D., 10-1).

A cette *adjudicatio* correspondra une *condemnatio* par laquelle celui au profit de qui aura eu lieu l'adjudication, sera contraint de donner à l'autre une somme d'argent proportionnelle à la part du fonds voisin qu'il reçoit. (L. 3, D., 10-1. — Inst., liv. IV, *De off. judicis*, § 6).

(1) Nous trouvons encore cette adjudication dans le recueil des lois de Manou, loc. cit. 225. « Si les bornes ne peuvent être autrement déterminées, faute de marques et de témoins, qu'un roi équitable se charge lui-même dans l'intérêt des deux parties, de fixer la limite de leurs terres : telle est la règle établie. »

Il y a dans cette *adjudicatio* que le juge peut prononcer, une exception à un principe de droit en vertu
duquel nul ne peut être contraint d'acheter ou de
vendre malgré lui. (L. 70, D., vi-i. — L. 16, C. vi-30).
Mais elle s'explique par le désir que le législateur
avait d'apaiser les discordes constamment soulevées
par l'état d'indivision. (L. 77, § 20, D., 31-2). Aussi
cette solution est-elle également commune à l'action
familiæ erciscundæ et à l'action *communi dividundo*.
(Inst. de Justinien, t. 17, § 4 et 5, liv. vi).

77. — Cette adjudication sera surtout nécessaire
dans le cas où il se trouverait entre les champs limitrophes, une portion de terrain qui ne paraît pas être
plutôt la propriété de l'un que de l'autre des voisins.
Dans ce cas, la loi 4, proe. D., 10-1, nous dit : *Sed et
loci unius controversia in partes scindi adjudicatio-
nibus potest prout cujusque dominium in eo judex
compererit.*

78. — L'adjudication, nous le savons, a pour effet
direct de transporter la propriété à celui en faveur
duquel le juge la prononce. Mais si cependant celui
que la sentence doit dépouiller, n'était pas lui-même
propriétaire, le voisin mis en possession, ne pourrait
pas le devenir immédiatement, mais pourvu qu'il soit
de bonne foi, il arriverait à la propriété par l'usucapion.

79. — Une dernière hypothèse nous reste à examiner, elle est prévue par la loi 4, § 5, D., huj. tit.
Ce texte nous dit que si un fonds appartient à
deux personnes, le fonds voisin à trois co-proprié-
taires, qu'elles intentent l'action *finium regundorum*, elles seront considérées comme ne formant de

chaque côté qu'une seule partie. Et aussi *l'adjudi-catio* qui ne serait prononcée qu'au profit de l'une d'elles, profitera aux autres qui deviendront aussi copropriétaires du terrain adjugé. Le motif, c'est qu'en réalité l'adjudication transfère moins la propriété aux personnes qu'aux fonds qu'elles possèdent. Mais si le fonds est unique, il peut y avoir plusieurs copropriétaires, et chacun d'eux prendra dans la portion nouvelle, une fraction correspondante à celle qu'il avait dans l'immeuble même. (L. 4, § 5, D., huj. tit.).

CHAPITRE VI.

DE LA PRESCRIPTION DE L'ACTION FINIUM REGUNDORUM.

80. — La question de la prescription au sujet de l'action *finium regundorum*, a fait le désespoir de tous les interprètes du droit romain : c'est que les deux lois qui au code de Justinien s'occupent de cette matière ont été tellement interpolées par Tribonien, qu'il est très difficile, pour ne pas dire impossible, de comprendre ce que le législateur a voulu dire. Ces deux lois sont au code. (L. 5 et 6, liv. 3, t. 39).

Goésius dans ses notes sur les *auctores rei agrariæ*, p. 189, et Jacques Godefroi, dans son commentaire au code Théodosien, titre de l'action *finium regundorum*, racontent qu'un jurisconsulte, Petrus Baillardus, contemporain d'Accurse, et qui se vantait de pouvoir interpréter les lois à leur simple lecture, fut obligé d'avouer ici son impuissance; et ils citent également Laurentius Valla qui fut réduit à la même extrémité.

Plus tard Noodt se reportant au code Théodosien et cherchant la conciliation des deux lois qui nous occupent, confesse que si dans cet ouvrage, les lois sont plus étendues, elles ne sont pas plus explicites, et qu'il lui est impossible d'en saisir le sens et la portée.

Il nous sera bien permis de dire que, si nombreuses

qu'aient été nos recherches, nous n'avons pu parvenir à mettre d'accord les deux textes que nous étudions, et avec Noodt, nous en sommes réduits à dire : *Nobis non liquet.*

81. — Cependant nous tenons à signaler deux interprétations qui sans concilier les deux lois, tendent du moins à leur donner un sens pratique et plausible.

D'après Pérézius qui cite à l'appui de son opinion Castalus, in. leg. ult. — Cujas, liv. 10, obs. C. 2. — Alciate, ad leg. *quinque pedum*, — la loi 5 ne s'occuperait que de la question des *quinque pedum*, qui d'après la loi Mamilia devaient être laissés incultes pour le service de l'agriculture : quant à eux, aucune prescription quelque longue qu'elle soit ne peut empêcher de les répéter.

Mais si quelqu'un, au-delà des limites des *quinque pedum* a usurpé une parcelle de terrain, qu'il soit resté en possession pendant 30 ans depuis cette usurpation, alors il pourra s'opposer à l'action en bornage dont l'objet serait la restitution du terrain envahi. Telle serait l'hypothèse prévue par la loi 6 de notre titre au Code.

82. — M. Molitor, dans son traité des obligations, t. 11, p. 91, donne aussi une explication ingénieuse que nous tenons à reproduire.

Le savant jurisconsulte fait une distinction entre le cas où l'action tend seulement à la fixation des limites incertaines, et celui où elle a pour but la restitution d'un terrain usurpé : dans cette dernière hypothèse, il appelle l'action *finium regundorum qualificata.*

« Et cette distinction est importante, parce que l'action qualifiée étant plutôt une revendication née de l'usurpation qu'une action personnelle née de l'incertitude des limites, est prescriptible par 30 ans, tandis que l'action *finium regundorum simplex,* née de l'incertitude de la possession, est imprescriptible. Car, là où il n'y a pas de possession certaine, il ne saurait y avoir lieu à la prescription. Les lois 5 et 6, C. iii, 39, qui consacrent cette distinction, ont paru obscures à quelques auteurs. Cependant, si l'on considère que la prescription ne se conçoit pas là où il n'y a pas de possession certaine, on demeure convaincu que les deux textes ne peuvent se rapporter qu'à l'action *qualificata,* laquelle, à ce qu'il paraît, pouvait être écartée avant Justinien par la *longi temporis possessio.* C'est ce qu'il faut supposer avec la loi 5, C. iii, 39, et cela admis, le sens de ces deux lois est que la loi 5 a aboli cette prescription de 10 ans, et que la loi 6 a admis la prescription de 30 ans en cas d'anticipations sur les limites. »

83. — Telles sont les deux interprétations qui nous paraissent donner à ces lois un sens plausible, sans que cependant il soit d'accord avec les textes : quoiqu'il en soit, Justinien ne faisant pas de distinction entre les deux hypothèses du *finale jurgium* et du *jurgium locorum,* a décidé que l'action *finium regundorum,* comme toute autre action personnelle, s'éteindrait par le laps de 30 années. (L. 1, § 1, C. vii, 40).

TERMINUS.

DROIT FRANÇAIS

DU BORNAGE EN DROIT FRANÇAIS

83. — L'obligation du bornage après avoir traversé les siècles qui nous séparent des Romains, fut régie par la loi du 16-24 août 1790. Cette loi accordait la complainte pour réprimer les empiétements commis sur le fonds voisin. L'art. 10, tit. III, portait : « Il connaîtra de même (le juge de paix) sans appel jusqu'à la valeur de cinquante livres, et à charge d'appel, à quelque valeur que la demande puisse s'élever ; 1°..... 2° du déplacement de bornes, des usurpations de terres, haies, clôtures commises dans l'année, des entreprises sur les cours d'eau servant à l'arrosement des prés, commises pareillement dans l'année et autres actions possessoires. »

84. — Plus tard le Code Napoléon, s'inspirant de la loi de 1791 connue sous le nom de Code rural, établit dans l'art. 646 le principe de l'obligation du bornage : « Tout propriétaire peut obliger son voisin

au bornage de leurs propriétés contiguës. Le bornage se fait à frais communs. » Tel est le texte de l'article que nous venons de citer.

Mais là s'arrêtaient les dispositions de notre loi, lorsque par une loi postérieure au Code (loi du 25 mai 1838) le législateur s'occupa de la matière que nous nous proposons d'étudier, pour transporter avec certaines restrictions la connaissance des actions en bornage, du tribunal civil de 1re instance, à la juridiction des justices de paix. (Art. 6, § 2).

La loi nouvelle aussi laconique que la précédente n'était pas faite pour rendre cette dernière plus facile à interpréter. Aussi est-il superflu de dire que cette matière délicate et sur laquelle le législateur semble vouloir laisser une obscurité profonde, doit surtout s'interpréter d'après la loi romaine plus explicite et plus précise.

85. — Nous ne ferons pas ici le procès au législateur qui a cru devoir se renfermer dans un laconisme voisin du silence, le bornage est plutôt l'œuvre du géomètre que celle du jurisconsulte, et à l'époque où le Code a été fait, les difficultés de toute sorte qui depuis se sont révélées, n'étaient pas prévues par les auteurs de la loi.

86. — Depuis les incertitudes et les embarras des commentateurs n'ont fait que croître de jour en jour, et plusieurs ont fait des projets de loi qui, suivant eux, devaient mettre fin aux procès en bornage, ou tout au moins en diminuer la cause dans de fortes proportions. (V. Morin, *Principe du bornage.* — Rousset, *Projet de loi sur le bornage.*)

87. — Notre but n'est pas d'étudier soit pour les

combattre, soit pour les approuver, ces propositions diverses. Tout ce que nous pouvons dire, c'est que le meilleur projet de bornage à notre avis, serait celui qui limitant d'une façon stricte et rigoureuse la propriété de chacun, en conserverait le souvenir dans un cadastre fait avec précaution et auquel serait annexé le procès-verbal détaillé de chaque opération.

Nous ne nous dissimulons pas la difficulté d'une semblable entreprise qui pourra paraître à beaucoup de personnes une véritable utopie; et cependant les Romains n'avaient-ils pas leurs *agri limitati* restreints et déterminés dans des mesures fixés? Et n'y a-t-il pas de nos jours certaines contrées dont les habitants ont fait faire la délimitation et le bornage général ?

M. Dumay, dans son appendice au traité du bornage de Curasson, indique une commune dont les habitants ont voulu faire cette opération. 600 hectares de terre, répartis en 1,500 parcelles, ont été limitées par des arbitres investis de pleins pouvoirs, et l'auteur remarque avec raison, que par ce moyen toutes les actions en bornage, toutes les anticipations seront forcément paralysées pendant un certain temps.

Eh bien! ce que cette commune a fait, ce que d'autres ont cru devoir faire après elle, en reconnaissant l'avantage d'une telle opération, serait-il impossible qu'une loi l'ordonnât comme mesure générale et publique.

Quoi qu'il en soit, nous devons prendre la loi française telle qu'elle est, et sans nous préoccuper davantage de ce qu'elle aurait dû être, étudier ce qu'elle est et qu'elles sont les règles qui doivent être suivies dans cette matière difficile que nous abordons.

88. — Nous diviserons notre travail en six chapitres, en suivant autant que possible l'ordre que nous avons adopté dans notre étude du droit romain.

1er chapitre. — Définition du bornage, sa nature, son caractère.

2e chapitre. — Quels sont les fonds sujets à cette action.

3e chapitre. — Quelles sont les personnes ayant le droit d'intenter cette action.

4e chapitre. — Du juge compétent, étendue de sa compétence.

5e chapitre. — Règles à suivre en matière de bornage.

6e chapitre. — Des effets du bornage.

Nous y ajouterons un appendice sur le bornage des bois et forêts domaniales et communales.

CHAPITRE I

DU BORNAGE, DÉFINITION, NATURE, CARACTÈRE.

89. — Le bornage est l'opération par laquelle un propriétaire fait constater judiciairement, à défaut d'entente amiable, l'étendue et les limites de sa propriété, soit que ces limites étant certaines et déterminées, il n'y ait qu'à en assurer l'immutabilité au moyen de signes apparents, soit que ces limites étant obscures, le juge n'arrive à les découvrir que par des investigations et des recherches.

90. — Comme il est facile de le voir, d'après la définition que nous adoptons, nous ne reconnaissons pas deux actions différentes, l'une en arpentage et en bornage, l'autre en délimitation. Nous croyons que ces deux choses font partie d'un même tout, l'action en bornage qui renfermant une idée complexe exige, d'abord la recherche des limites ou délimitation, ensuite la position des bornes sur les limites découvertes ou bornage à proprement parler.

Lorsque nous étudierons la loi de 1838 dans notre chapitre IV, nous démontrerons cette proposition très-nettement établie par les différents discours prononcés à l'occasion de cette loi. Quant à présent nous la tenons pour incontestable, et nous croyons qu'il n'y a de différence qu'entre l'action en bornage et l'action en déplacement de bornes d'une part, et entre l'action en bornage et la revendication d'autre part.

91. — Le bornage ainsi défini, il faut en étudier la nature. L'obligation qui résulte du voisinage est-elle bien une véritable obligation? La loi dans l'art. 646 le reconnaît elle-même, car elle se sert des expressions suivantes : « *Tout propriétaire peut contraindre son voisin au*..... Il s'agit donc bien ici d'une véritable obligation de faire qui prend sa place dans la classification adoptée par le Code. En effet, le Code admet cinq sources d'obligations : le contrat, quasi contrat, délit, quasi délit et la loi. C'est dans les obligations nées de cette dernière source que vient se ranger l'obligation du bornage, et l'art. 1370 le constate en énonçant parmi les engagements qui résultent de l'autorité seule de la loi : *ceux entre propriétaires-voisins.*

92. — Malgré ce caractère personnel, l'action en bornage a été classée par le législateur dans les articles qui s'occupent des droits réels, des servitudes ou services fonciers. Mais assurément c'est à tort, puisque toute servitude consiste *in patiendo aut in non faciendo,* et jamais *in faciendo* et que l'action qui nous occupe a pour but de forcer quelqu'un à faire. Mais tout s'explique par cette idée, que bien qu'elle ne soit pas une servitude, cette espèce d'obligation affecte la propriété en ce sens qu'elle constitue activement et passivement un attribut réel de la propriété, qui se transmet avec elle, et qui est la conséquence la plus immédiate de la situation des lieux. (Guilbon, § 1, n° 689. Demolombe, n° 242, t. xi.)

93. — Si donc l'action en bornage est essentiellement

personnelle, elle semble cependant à certains points de vue avoir des caractères de réalité. Aussi Pothier, au n° 213 de son second appendice au contrat de société, nous dit-il que cette action est mixte : « Elle est principalement personnelle, puisqu'elle naît de l'obligation personnelle que les voisins contractent réciproquement l'un envers l'autre, par le voisinage *ex quasi contractu*. Elle tient aussi quelque chose de l'action réelle, en ce que par cette action le voisin réclame ce qui fait partie de son héritage, et pourrait avoir été usurpé par son voisin. »

Ce caractère mixte qui a été reconnu à peu près par tous les auteurs, peut avoir au point de vue de la compétence un intérêt considérable : nous renvoyons encore à notre chapitre IV. Mais nous pouvons dire de suite, qu'en ce qui concerne la question de savoir quel sera le juge compétent, la place qu'occupe dans le Code l'art. 646 donne à l'action une apparence de réalité qui, à ce point de vue, devra prévaloir.

94. — Nous avons dit tout à l'heure que l'obligation du bornage résulte des rapports que le voisinage établit entre des propriétaires limitrophes, elle naît du fait de la confusion des limites, fait toujours regrettable et qui souvent engendre des procès nombreux, fait continu qui subsiste jusqu'à ce que les bornes aient été posées sur les confins des deux propriétés. De là deux conséquences importantes, c'est :

95. — 1° Que l'obligation n'est pas susceptible de s'éteindre par la prescription. Aussi, malgré la généralité des termes de l'art. 2262, quand même les propriétaires limitrophes seraient restés 30 ans sans demander le bornage de leurs propriétés, ils pour-

raient toujours le provoquer. A quel moment, en effet, la prescription pourrait-elle commencer à courir ? Au jour où 'l'obligation a pris naissance ? Mais le lendemain de ce jour, le fait générateur de cette obligation continuant à se produire, l'obligation renaissait, et elle a continué à renaître ainsi tous les jours, jusqu'à celui où elle a pu s'éteindre par le bornage. (Demol., n° 241. — Aubry et Rau., p. 225, 3° et les auteurs cités à la note 18.)

96. — Mais nous ne voulons pas dire que la prescription doit être repoussée en matière de bornage, car nous verrons plus tard que l'on peut prescrire au-delà de son titre et que si l'une des parties soutient avoir acquis par une possession prolongée une portion certaine des fonds à limiter, elle devra être écoutée.

97. — 2° La convention par laquelle les parties renonceraient au droit d'intenter l'action en bornage devrait être annulée comme contraire à l'ordre public (C. N., art. 6), puisque la confusion des limites constitue un état d'indivision funeste, à raison des procès dont elle est la source intarissable.

Tous les auteurs sont d'accord à ce sujet pour appliquer à l'action en bornage ces deux dispositions communes à l'indivision résultant des successions ou de la communauté (815).

98. — Mais l'art. 815 permet aux cohéritiers de convenir qu'ils demeureront dans l'indivision pendant un certain temps dont la durée ne peut excéder cinq ans : et cette convention est tolérée parce que l'intérêt privé peut être si grand que l'intérêt public y gagnera lui-même. Ne pourrait-on pas supposer des

hypothèses dans lesquelles les propriétaires limitrophes trouvant une sorte d'intérêt à rester dans l'espèce d'indivision qui résulte de la confusion des limites, voudraient convenir de suspendre le bornage pendant un temps limité? L'art. 815, en ce qu'il permet la convention d'une trève de cinq ans pourrait-il s'appliquer? Nous ne le pensons pas. L'individualité de la propriété est la règle, l'indivision l'exception. Il faut restreindre l'exception dans les cas prévus, et ne pas l'étendre au-delà. Or, l'art. 815 ne permet de rester dans l'indivision qu'en matière d'indivision résultant de successions ou de société (art. 1872), et rien ne nous autorise à appliquer au bornage ces règles exceptionnelles.

99. — « Cette action est de celles qu'on appelle *judicia duplicia*, dans laquelle chacune des parties, tant celle qui a donné la demande que celle contre qui elle est donnée, est tout à la fois demandeur et défendeur. Car par cette action, chacune des parties, celle qui est assignée aussi bien que celle qui assigne, réclame chacune l'une contre l'autre, ce qui par le bornage sera déterminé faire partie de son héritage. » (Pothier, n° 231. *Vide supra*, n° 49.)

CHAPITRE II.

100. — L'action en bornage ne peut être intentée
que relativement aux immeubles ruraux contigus qui
n'ont pas été déjà l'objet d'une première délimitation.

Ainsi donc trois conditions : 1° Il faut qu'il s'agisse
d'immeubles ruraux ; 2° que la contiguité existe ;
3° qu'il n'y ait pas un premier bornage. Nous allons
étudier successivement ces trois conditions, tout en
nous excusant d'être obligé de redire presque tex-
tuellement ce que nous avons déjà exposé à cet égard
dans notre étude du droit romain. (Ch. 2).

101. — I° Et d'abord il faut qu'il s'agisse d'immeubles *ruraux*. Ce mot est dans notre pensée la traduction du mot *rusticum* qui accompagnait souvent le
substantif *prædium*. Dans notre droit, ce sera encore
la *materia* et non le *locus* qui donnera à un immeuble
la qualité de rural ou d'urbain. Aussi la conséquence
sera que les immeubles ruraux pourront se trouver
aussi bien à la ville qu'à la campagne ; à la ville, par
exemple, des cours, des jardins ; à la campagne, *v. g.*
des prés, des terres, des vignes, des bois.

A l'inverse, un immeuble pourra être urbain encore
qu'il ne soit situé qu'à la campagne, il suffira qu'il
soit bâti, qu'il révèle l'idée d'une construction.

102. — L'action en bornage, nous venons de le dire, n'est possible que quand il s'agit d'héritages ruraux, que s'il s'agissait d'immeubles urbains, on ne pourrait l'admettre. Et en effet cette action a pour but la détermination des limites, et cette détermination existe toujours entre héritages urbains, car, comme nous l'avons dit plus haut, ou bien les murs sont mitoyens, ou bien, s'ils ne le sont pas, la ligne séparative des deux fonds est toujours facile à déterminer.

Aussi, même à la campagne, l'action en bornage n'est pas recevable en ce qui concerne les terrains bâtis, il n'y a alors lieu qu'à la revendication : même à la ville cette action est recevable en ce qui concerne les terrains non bâtis, tels que les cours et les jardins, fussent-ils attenant aux bâtiments. (Conf. Demol. n° 264. — Aubry et Rau, p. 222. — Curasson, p. 522. — Guilbon, n° 837.)

103. — Nous connaissons maintenant ce que l'on nomme biens *ruraux,* l'action s'applique à tous, qu'ils soient la propriété de l'Etat, des communes, des particuliers, peu importe.

Exceptions : 1° Les biens qui forment la dépendance du domaine public, comme les rues, les quais, les places, les routes, les chemins, les places de guerre, etc., ne peuvent être délimitées que par l'administration. (Cass., 1er avril 1845. D. 45. 1. 195.)

2° La délimitation territoriale entre deux communes est aussi de la compétence exclusive de l'administration, mais dans ce cas, comme dans celui de distraction ou de réunion de plusieurs communes en une seule, l'acte administratif n'est d'aucune influence pour les questions de propriété des communes qui conservent chacune ce qui leur appartenait avant la réunion. La délimitation n'a d'effet qu'en ce qui concerne la police, le régime administratif, les impôts, etc.

3° L'action en bornage n'a pas lieu entre copropriétaires, pour faire délimiter les parts que chacun possède pendant l'indivision. (*Vide infra*. ch. **3**.)

104. — Nous avons dit que les chemins ne pouvaient pas faire l'objet d'une action en bornage, nous voulons parler des chemins *vicinaux*. Quant aux chemins ruraux qui restent classés parmi les biens communaux ordinaires et qui sont susceptibles de propriété privée, ils peuvent être l'objet d'une action en bornage entre les communes auxquelles ils appartiennent et les propriétaires limitrophes, et les juges de paix doivent en connaître. (Cass., 25 nov. 1831. — *Journal du Palais*, t. xxiv, p. 361.)

A fortiori nous déciderons de même pour les sentiers qui demeurent la propriété de ceux qu'ils traversent ou dont ils bordent les héritages.

105. — II° La seconde condition nécessaire pour intenter l'action en bornage, c'est que les propriétés soient contigues. L'art. 646 du Code civil est formel à cet égard, et aussi si les fonds sont déterminés d'une façon suffisante pour empêcher les anticipations de l'un des propriétaires sur l'autre, l'action en bornage devrait être rejetée par le juge.

Si par exemple il y a entre les fonds dont le bornage est demandé, un chemin public, une rue, ou la propriété d'un tiers, la demande devra être repoussée.

Il en serait de même si les deux héritages étaient

séparés par un cours d'eau, sans distinguer s'il est flottable, navigable ou non, et peu importe l'opinion qu'on admette sur la question de propriété du lit des rivières ni navigables, ni flottables. Cette propriété spéciale tenant lieu de bornes et séparant suffisamment les héritages dont on demande la délimitation.

106. — Mais il en serait autrement s'il n'y avait entre les fonds voisins qu'un sentier privé, un ruisseau qui, faisant partie de l'un ou de l'autre des deux fonds, n'empêcherait pas le *confinium,* il y aurait alors une chose à examiner, c'est de savoir si les titres n'indiquent pas ce sentier ou ce ruisseau comme limites des deux fonds. (Conf. Demol, n° 266. — Laurent, n° 418. — Aubry et Rau, p. 222, n° 2. Cassation, 6 nov. 1866. J. du P. page 1171.)

107. — Nous avons dit que s'il y avait entre les héritages à limiter la propriété d'un tiers, l'action en bornage ne serait pas recevable. Mais nous n'entendons pas dire qu'en agissant contre son voisin immédiat, le propriétaire demandeur ne puisse actionner en même temps son voisin plus éloigné, ce qu'on appelle un arrière-voisin. En effet, c'est très-souvent une nécessité, soit que l'on craigne d'avoir dans son lot une contenance moindre que celle à laquelle le titre donne droit, soit que, au contraire, possédant une contenance plus grande, on ait à craindre les recherches de ceux qui ont moins que leur titre ne leur attribue. Et alors on voit très-souvent un bornage porter sur des portions de terrains considérables et embrasser ce qu'on appelle un *lieu dit, Champties, tènement.*

Aujourd'hui, ce point n'est plus contesté par les

auteurs, et la jurisprudence lui a donné son appui. (*Contra* Morin, *principes du bornage.*)

108. — Seulement il s'est produit de graves dissentiments au sujet de la procédure à suivre dans la mise en cause de ces arrières-voisins. Nous ne reproduirons pas tous les systèmes, deux seulement méritent qu'on s'y arrête.

Le premier se basant sur les termes de l'art. 646 du Code civil, enseigne que le demandeur ne peut mettre en cause que son voisin contigu, que l'arrière-voisin, si sa mise en cause est nécessaire, doit être appelé par son propre voisin, le défendeur primitif, et ainsi de suite jusqu'à la fin. (Conf. Laurent, n° 425.)

Le second système enseigne, au contraire, que le demandeur peut, en intentant l'action en bornage contre son voisin, mettre en cause immédiatement tous ceux dont il juge la présence en bornage nécessaire pour le protéger contre toute action nouvelle. Telle est l'opinion qui nous semble seule admissible; elle sacrifie, il est vrai, le texte de la loi, mais incontestablement, elle est dans son esprit, ce qui vaut mieux. En effet, il ne peut pas être dans l'esprit de la loi du 25 mai 1838 qu'une opération telle que le bornage, assez simple, dans la pensée du législateur, pour être placée dans les attributions du juge de paix, entraîne la série de frais et la succession de délais que comporteraient des mises en cause ainsi échelonnées.

Au surplus, nous ne voyons pas quel intérêt l'arrière-voisin pourrait avoir à être mis en cause plutôt par l'un que par l'autre, et aucun inconvénient n'est à craindre, puisque le demandeur devrait payer les frais d'une procédure *frustratoire*.

Le juge de paix pourrait même d'office mettre en cause les divers propriétaires qu'il croirait intéressés au bornage. C'est ce second système qui est suivi par la majorité des auteurs, et qui a été plusieurs fois consacré par la jurisprudence. (Conf. Demol, n° 267. — Aubry et Rau, p. 222. — Guilbon, n° 842. — Douai, 2 juillet 1842. Sirey, 43. 2, 408. — Cass., 20 juin 1855. *Journal du Palais*, 1857, t. i, page 21. — Cassat., 9 nov. 1857. *Journal du P.*, 1857, p. 1114.)

109. — III. La troisième condition pour que l'action en bornage puisse être intentée, c'est qu'il n'y ait pas eu déjà un bornage antérieur et contradictoire. Mais pour que ce premier bornage s'oppose à la demande nouvelle, il faut qu'il soit établi qu'il y ait des preuves matérielles accompagnées d'un procès-verbal signé par les parties, un jugement entérinant un rapport d'experts, un procès-verbal émanant du juge de paix.

110. — Mais ici une question très-vivement débattue se présente, l'action doit-elle être admise lorsque l'un des propriétaires a établi sur ses limites une haie, un mur, une construction, une rangée d'arbres, ou tout autre chose destinée à servir de séparation?

La négative est assez généralement admise, on raisonne ainsi : Le but de l'action en bornage quel est-il? Séparer ce qui n'est pas séparé, mettre fin à des usurpations que la confusion rend possibles, déterminer des limites incertaines. Or ici tout est déterminé, puisqu'il y a des bornes, et si on peut agir, ce ne sera que par l'action en revendication.

Nous ne nous cachons pas la gravité de cette doctrine puissante, surtout lorsque la possession est plus qu'annale, ou que les bornes sont anciennes, et nous ne sommes pas surpris que la Cour de Besançon l'ait admise. (10 mars 1828. D. 1828. 2. 215).

Cependant l'affirmative nous semble mieux fondée. Rappelons que c'était déjà la doctrine romaine 1. 2. D. 10. 1. et c'est là, à notre avis, un argument puissant, mais ce n'est pas tout, que dit le code; que le demandeur doit prouver sa prétention, le défendeur l'exception qu'il invoque (1315). Que doit prouver le demandeur en bornage? rien si ce n'est que les deux héritages sont ruraux et contigus, son droit est écrit dans la loi. Que lui oppose le défendeur? qu'il y a des bornes; mais suffit-il pour cela qu'il y ait certains signes matériels qui semblent délimiter les deux héritages? ces marques ne prouvent rien par elles-mêmes, il faut qu'elles aient été plantées de commun accord par les parties intéressées. Donc il faut que le défendeur établisse cet accord, car sans cela il y a bien des signes matériels, mais il n'y a pas de bornes dans le sens juridique de ce mot, et dès lors l'action en bornage doit suivre son cours. (Conf. Demol. n° 268. Laurent, n° 419. Aubry et Rau, p. 222.)

CHAPITRE III.

PAR QUI ET CONTRE QUI L'ACTION EN BORNAGE PEUT ELLE ÊTRE INTENTÉE?

111. — L'art. 646 du code civil résout cette question : « tout propriétaire peut contraindre son voisin au bornage de leurs propriétés contigües. »

112 — L'action en bornage pourra donc être intentée d'abord par le propriétaire, et encore que celui-ci n'ait pas sur l'immeuble un droit définitif. Ainsi par exemple, l'acquéreur à pacte de rachat qui n'a qu'une propriété résoluble, pourrait intenter l'action qui nous occupe, l'art. 1665 lui permettant d'exercer tous les droits de son vendeur. Il en serait de même de tout acquéreur qui n'aurait qu'un droit soumis à une condition résolutoire, car l'art. 1183 du code civil déclare qu'une telle condition ne suspend pas l'exécution des obligations, mais en opère seulement la révocation.

113. — Quant à celui qui n'est propriétaire que *sous condition suspensive*, il ne nous paraît pas rentrer dans les termes de l'art. 646. En effet, jusqu'à l'avènement de la condition à laquelle est subordonnée la translation de propriété, le vendeur n'est pas dessaisi, c'est lui qui supporte les risques (art. 1182.

C. C.). Seul par conséquent, il a droit d'intenter les actions relatives à l'immeuble dont il s'agit.

114. — Nous avons parlé du propriétaire, occupons-nous du cas où l'indivision existant encore, plusieurs personnes sont propriétaires d'une même chose.

1re hypothèse. — Plusieurs copropriétaires possèdent un même immeuble, avant le partage, l'un d'eux peut-il demander contre les autres le bornage d'une portion de la chose commune dont il jouit séparément? Nous n'hésitons pas à répondre négativement. (Conf. Laurent, n° 418. Demolombe, n° 265. Guilbon, n° 824). Et le motif que nous en donnons est celui du droit romain (v^{de} supra. n° 16), l'action en bornage ne s'élève qu'au sujet des limites, or la division seule peut engendrer des limites, car seule elle peut d'un fonds en faire plusieurs.

Mais si dans ce cas l'action en bornage n'est pas possible, nous admettons très-facilement que les copropriétaires d'une masse de biens pourraient demander les uns contre les autres, que les limites de chaque lot fussent fixées avant le partage; il va de soi que ce ne serait là qu'une simple opération préalable au partage, et non pas une action en bornage proprement dite.

115. — 2me hypothèse. — L'un des copropriétaires a seul un fonds personnel attenant au fonds qui est la propriété commune, pourra-t-il demander le bornage? La loi romaine ne l'admettait pas, (v^{de} supra n° 17), mais c'est là une solution rigoureuse que rien ne justifierait dans notre droit, et nous dirons que le bornage pourra être demandé tant par le pro-

priétaire qui a un fonds personnel contre ses communistes, que par ceux-ci contre lui. (Conf, Laurent, n° 418. Demol, n° 265. Guilbon, n° 824. Mongis, n° 16).

116. — 3ᵉ hypothèse. — Un communiste peut-il seul de son chef et avant tout partage intenter l'action en bornage contre un voisin? Nous le croyons, la loi dit « tout propriétaire, » et il n'y a pas de distinction à faire à notre avis, entre ceux qui ont une propriété indivise et celui qui a une propriété exclusive. Il faut bien dire que l'espèce sera assez peu fréquente, car le plus souvent les copropriétaires agiront de concert, mais cependant elle n'est pas impossible, et elle s'est présentée déjà devant les tribunaux. La Cour de Rennes par arrêt du 11 juillet 1829 (Dalloz, v°. bornage, n° 19. note.) a décidé que pendant l'indivision, l'héritier peut, de même que tout copropriétaire par indivis, intenter l'action en bornage. En effet, il est propriétaire de l'héritage qu'il s'agit de borner, et il a intérêt à ce qu'il le soit, puisque la contenance du fonds doit être connue avec exactitude quand on fera le partage. Dans l'espèce jugée par la Cour, l'héritier avait un intérêt plus pressant, c'est que la prescription était sur le point de s'accomplir au préjudice de l'hérédité. Néanmoins les autres refusèrent de se joindre au demandeur, cela n'empêche pas qu'il ne fut en droit d'agir, en vertu de son droit de copropriété, qui s'étendait sur tous les objets héréditaires. (Conf. Laurent, n° 422. Guilbon n° 324).

117. — Mais dans le cas où, comme dans l'espèce précédente, les cohéritiers se tiendraient dans l'inac-

tion, il serait prudent que le défendeur assigné les mit personnellement en cause; car si le partage attribuait l'immeuble à d'autres qu'au demandeur à l'action en bornage, l'art. 883 du code civ. ayant son effet, le bornage ne serait pas opposable au propriétaire qui n'aurait pas été mis en cause.

118. — Le demandeur qui intente l'action en bornage, doit-il prouver qu'il est propriétaire, nous ne le pensons pas. Telle était déjà l'opinion de Pothier qui au n° 232, second append. du *contrat de société*, s'exprime ainsi : « le possesseur d'un héritage qui s'en porte pour le propriétaire, soit qu'il le soit effectivement, soit qu'il ne le soit pas, est partie capable pour intenter cette action. Il n'a pas besoin pour cela de justifier de son droit de propriété, sa possession le fait présumer propriétaire. » C'est aussi l'opinion qui a été admise par un arrêt de la Cour de Montpellier du 14 janvier 1842 (Sirey, 1842. 2. 119) et qui est enseignée par MM. Demolombe, n° 259. Aubry et Rau, t. ii, p. 223.

M. Laurent adoptant l'opinion de Pardessus admettrait au contraire que la preuve de sa propriété doit être faite par celui qui intente l'action, et sa décision est surtout fondée sur l'intérêt que le défendeur a à ce que le vrai propriétaire soit en cause (voy. Principes de D. civil. n° 423). Nous ne nions pas cet intérêt, mais notre avis est que la possession d'un immeuble établit au profit d'une personne la présomption qu'elle est propriétaire, que dès lors le demandeur n'a point d'autre preuve à faire, sauf au défendeur, si bon lui semble, de mettre en cause celui qu'il prétend être le véritable propriétaire, afin de ne pas être exposé, en cas de revendication de ce dernier, à une instance nouvelle.

119. — L'art. 646 du code civil, ne parle que du propriétaire, et nous devons nous demander si ceux qui sans être propriétaires ont des droits réels sur l'immeuble, peuvent intenter l'action en bornage.

120. — Tout d'abord nous nous occuperons de *l'usufruitier*. Quelques auteurs s'emparant du texte restreint de notre Code ont soutenu que ce droit ne pouvait lui appartenir, et à l'appui de leur opinion ils ont dit que l'usufruitier n'avait pas qualité pour procéder à une action qui a pour but de déterminer la limite de la propriété ; qu'il ne peut procéder que contre le nu-propriétaire, pour l'obliger à demander le bornage ; enfin que l'usufruitier n'a même pas la possession du fonds *pro suo*, qu'il n'en est qu'un détenteur précaire.

Ces objections ne sont pas sérieuses, et quand nous n'aurions pour les réfuter que l'autorité du droit romain (v^{de} *supra* n° 22) et celle du droit ancien (Pothier loc. cit. n° 232) qui tous deux accordent l'action en bornage à l'usufruitier, nous nous en contenterions : mais nous avons d'autres arguments : l'usufruitier a un droit réel, distinct et indépendant de celui du nu-propriétaire ; il faut bien qu'il puisse faire déterminer l'étendue du fonds sur lequel il l'exercera. Quant à agir contre le nu-propriétaire, pour le forcer à intenter l'action en bornage, c'est ce que les principes du droit ne permettent pas. En effet, entre l'usufruitier et le nu-propriétaire il n'existe aucun lien d'obligation, chacun d'eux a un droit réel : le nu-propriétaire n'a qu'une chose à faire, c'est de laisser jouir l'usufruitier, mais il n'est pas tenu de le faire jouir. Enfin, s'il est vrai de dire qu'à certain point de vue l'usufruitier possède pour autrui, il n'en est pas moins vrai, qu'il possède aussi pour lui, qu'il a un droit personnel, indépendant, ce qui lui permet de faire ·fixer l'étendue du fonds sur lequel il pourra l'exercer (Conf. Demol. n° 256. — Dalloz. v° bornage n° 23 — Aubry et Rau. p. 223. — Laurent n° 424).

121 — Mais le bornage opéré avec l'usufruitier ne serait pas opposable au nu-propriétaire qui pendant la durée de l'usufruit pourrait en provoquer un nouveau (Cour de Bordeaux, Dalloz v° bornage n° 23). Aussi, la partie qui serait assignée en bornage par l'usufruitier, agirait prudemment en mettant en cause le nu-propriétaire (Demol. n° 256. Aubry et Rau, p. 223 note 11).

De même, si l'action, était intentée par le *nu propriétaire*, le défendeur aurait intérêt à mettre en cause l'usufruitier, afin que l'opération soit commune à tous les deux (Guilbon n° 316).

122 — L'usager peut aussi, commme titulaire d'un droit réel, intenter l'action en bornage. Cette solution a été contestée par Curasson (T° de la compétence des juges de paix n° 749), qui d'ailleurs accorde ce droit à l'usufruitier, sans donner de raison à l'appui de la solution différente qu'il propose. Nous croyons que le droit de l'usager doit être le même en ce point que celui de l'usufruitier, car tous deux ont un droit réel, qui doit conférer les mêmes prérogatives, sauf bien entendu, que le droit de l'usufruitier est plus complet.

Aussi a-t-il été jugé qu'une commune usagère a qualité pour former une action en bornage contre les propriétaires voisins, alors surtout que le propriétaire de l'héritage asservi, mis en cause par la commune ne s'est opposé à cette action. (Montpellier 14 Déc. 1840. Dalloz v° bornage n° 23 note 3. Conf. Demol. Aub. et Rau. Laurent. loc. Cit. — *Contra* Curasson. Guilbon n° 819.)

123. — *Le créancier antichrésiste* a aussi le droit d'intenter l'action en bornage. Et en effet il a un véritable droit réel qui lui confère la faculté de percevoir et de retenir les fruits de l'immeuble en les imputant sur les intérêts d'abord, puis sur le capital de ce qui lui est dû ; il peut aussi retenir l'immeuble lui-même jusqu'à ce qu'il ait reçu son paiement intégral. La solution que nous donnons, repoussée par d'excellents esprits (Aubry et Rau, p. 223 — Guilbon n° 820) était déjà celle du droit romain (v^{de} *supra* n° 22) et rien ne nous autorise à la rejeter (conf. Demol. n° 257).

124 — Mais nous n'accorderions pas ce droit *au fermier*, encore qu'il eût un bail authentique ou dont la date serait certaine. Il n'a en effet, comme disait Pothier, « aucun droit dans l'héritage; » il n'est qu'un détenteur précaire, il ne jouit pas par lui-même, on le fait jouir, et le droit qui lui appartient n'est qu'un droit personnel et mobilier. (Conf. Pothier loc. cit. n° 232. — Demol n° 258. — Aubry et Rau. p. 223. Guilbon n° 318. — Laurent n° 424.)

On ne pourrait pas non plus agir directement contre le fermier, par l'action en bornage, mais si cela arrivait, le fermier troublé dans sa jouissance par cette action, devrait se pourvoir *actione ex conducto* contre le propriétaire de qui il tient à ferme l'héritage, et conclure contre lui à ce qu'il fît cesser ces contestations en faisant borner son immeuble (Pot. n° 232 app. cont. de société.)

125 — L'action en bornage ne pourrait pas non plus être intentée par un amphitéote, car l'amphitéote n'est qu'un fermier à long bail, et nulle part ce droit n'a été reconnu par le code napoléon comme étant un droit réel : on peut même dire qu'il a été exclu de la liste des droits réels par les énumérations limitatives que renferment les art. 526. 543. 2118. 2204 (*Contra* l. 4 § 9 D. 10. 1. *supra* n° 22 — Demol. 257. Laurent n° 424. — Guilbon n° 817.)

126 — Il en serait de même du *dépositaire séquestre*, c'est encore là un détenteur précaire qui ne possède que pour autrui, et qui dès lors ne peut agir personnellement.

127 — Nous avons à nous occuper maintenant, des personnes qui administrent le bien d'autrui, et nous devons nous demander, si elles peuvent intenter l'action en bornage.

128 — C'est d'abord le *tuteur* d'un mineur. Pourra t-il seul exercer l'action que nous étudions? La difficulté résulte de l'art. 464 du Code civil, qui ne permet pas au tuteur d'intenter seul en justice une action relative aux droits immobiliers du mineur, ni acquiescer à une demande relative aux mêmes droits, sans l'autorisation du conseil de famille, et toute la question est de savoir si l'action en bornage est une de ces actions *relatives aux droits immobiliers du mineur.*

A cet égard, M. Demolombe, n° 260, propose une distinction qui doit être signalée, et qui décide pour la capacité de la partie à l'effet d'agir, ce que la loi elle-même (25 mai 1838, art. 6 n° 2) décide pour la compétence du juge à l'effet de statuer.

« Ou bien donc, dit le célèbre jurisconsulte, aucune
« question ne s'élève sur la propriété ni sur les titres
« qui l'établissent ; et alors l'action en bornage, ne
« tendant absolument, comme dit Pothier, qu'à con-
« server à chacune des parties l'intégrité de son héri-
« tage (de la Société. 2ᵉ App. n° 232), n'est en réalité,
« qu'un acte d'administration conservatoire, qui
« peut être exercée sans autorisation, par le tuteur,
« par l'envoyé provisoire ou par le mari lui-même
« sans l'intervention de la femme ;

« Ou au contraire, la propriété ou les titres qui
« l'établissent sont contestés ; et dans ce cas, le même
« motif qui fait que le juge de paix cesse d'être
« compétent, doit aussi faire que le tuteur et
« l'envoyé provisoire ont besoin d'autorisation, et
« et que la femme doit être mise en cause. »

Cette distinction ne nous paraît pas fondée. En effet, nous demanderons avec M. Laurent, n° 426, ce que la compétence peut avoir de commun avec la capacité, et comment la capacité pourrait augmenter ou diminuer selon que la compétence serait étendue ou restreinte.

Ce dernier auteur admettant l'opinion enseignée par MM. Aubry et Rau, fait également une distinction qui nous paraît beaucoup plus juridique, mais que néanmoins nous n'admettrons pas. Si, disent ces auteurs, la ligne séparative des héritages est certaine, qu'il n'y ait que l'opération matérielle de la plantation de bornes à accomplir, ce n'est là qu'un acte d'administration et de conservation que le tuteur peut faire seul ; mais si les limites sont incertaines, si il y a à les rechercher, alors la question est relative aux droits immobiliers, et le tuteur doit se faire autoriser.

Cette opinion n'est pas la nôtre : bien que plus sérieuse à notre avis que la première, elle nous paraît vicieuse en ce que elle n'admet pas que l'action en bornage, qu'il y ait ou non à rechercher les bornes, doive en définitive fixer l'étendue du fonds, le limiter, et atteindre dès lors les droits immobiliers de chacun.

Au surplus, qu'on nous dise quand on sera d'accord sur les limites, et qui aurait le droit de se mettre ainsi d'accord ; le tuteur ? Mais il ne peut pas acquiescer à une demande relative aux droits immobiliers, et on lui permettrait de fixer seul les limites des fonds de celui dont il doit garder les intérêts ? Cela ne nous semble pas possible, et dès lors nous dirons qu'il doit toujours se faire autoriser par le conseil avant d'agir, (Conf. Guilbon. n° 826 — Curasson n° 749.

129 — Par la même raison nous pensons qu'il faudra toujours que le tuteur soit autorisé, même pour défendre à l'action en bornage, dans laquelle il y aura presque toujours lieu soit à un acquiescement soit à une transaction.

130. — Voilà pour le tuteur d'un mineur. Que s'il s'agissait d'un *mineur émancipé*, nous pensons qu'il ne pourrait pas intenter une action en bornage, ni y défendre, sans l'assistance de son curateur (art. 482). Cette opinion est admise par tous les auteurs et même par M. Demolombe, qui n'ose pas persévérer ici dans sa doctrine et qui ne considère pas comme acte de pure administration, l'action en bornage,

alors même que *ni les titres, ni la propriété, ne sont contestés.*

131. — S'il s'agit d'un individu pourvu *d'un conseil judiciaire,* nous lui refuserons aussi lé droit d'intenter *seul* l'action en bornage, car la loi lui défend de *plaider* sans l'assistance de son conseil. Art. 513. (Conf. Demol., 261. — Guilbon, n° 328.)

132. — Le mari sous le régime de la communauté, peut-il seul provoquer le bornage des propres de sa femme? Nous ne le pensons pas, car la loi n'accorde au mari que l'exercice des actions mobilières et possessoires de la femme (art. 1428), et à notre avis, l'action en bornage est immobilière pétitoire. Nous repoussons donc toutes les distinctions produites au sujet du mineur et renouvelées dans cette hypothèse par leurs différents auteurs, et nous croyons qu'il faut que le mari et la femme soient l'un et l'autre en cause.

Il en serait autrement toutefois, si les époux étaient mariés sous le régime dotal, le mari ayant dans cette hypothèse le droit d'intenter les actions réelles immobilières (art. 1549.); (Conf. Aubry et Rau., p. 224). Il en serait autrement encore dans le cas où le mari, sous les autres régimes matrimoniaux, agirait non pas au nom de sa femme, mais en son nom personnel et comme usufruitier.

133. — L'envoyé en possession provisoire des biens de l'absent, ne pourrait intenter une action en bornage, sans l'autorisation du tribunal. (Art. 125, 128.)

134. — Le *failli* étant par suite du jugement déclaratif de faillite, dessaisi de l'administration de ses biens qui sont gérés par les syndics, ceux-ci seuls

ont la capacité nécessaire pour agir par l'action en bornage, ou pour y défendre. (Art. 443. C. co.)

Seulement, si le tribunal le juge convenable et utile, l'art. précité l'autorise à recevoir le failli partie intervenante. (Guilbon, n° 829.)

135. — Nous avons encore à parler des personnes morales. Comme les personnes physiques, elles peuvent être propriétaires d'immeubles, et dès lors les règles du bornage peuvent s'appliquer.

136. — En ce qui concerne l'État et les départements, c'est le *préfet* du département où sont situés les biens qui peut exercer cette action. (Loi du 5 novembre 1790, tit. **v**, art. 14. — Loi du 10 mai 1838, art. 38.) C'est aussi contre lui que doivent être dirigées ces actions, après la présentation d'un mémoire préalable. (Loi du 5 novembre 1790, tit. 3, art. 15. — Loi du 10 mai 1838, art. 37.)

137. — Pour les actions qui concernent les *communes*, le maire les intente et y défend après que les formalités prescrites par les art. 10 et 49 de la loi du 18 juillet 1837 ont été observées.

138. — Les *hospices* et les *bureaux de bienfaisance* sont en ce qui concerne les procès, assimilés aux communes ; tout ce que nous avons dit du bornage des biens des communes devra donc s'appliquer. (Loi du 7 août 1851, art. 9 et 10.)

139. — Lorsque des Fabriques d'église sont propriétaires de biens, meubles ou immeubles, les procès sont dirigés ou soutenus par les trésoriers de ces établissements qui, pas plus que les marguilliers, ne peuvent introduire une action ou y défendre sans

l'autorisation du conseil de préfecture. (Décret, 30 décembre 1809, art. 77 et 79.) C'est donc contre eux que devront être dirigées les demandes en bornage, comme ce sont eux qui devront les intenter. Mais les particuliers qui veulent intenter une action contre une fabrique devront déposér à la préfecture un mémoire expositif, demandant l'autorisation d'assigner la fabrique.

CHAPITRE IV

140. — § 1er. Autrefois la compétence des juges de paix était restreinte aux actions possessoires en matière réelle et immobilière, il en résultait que le juge de paix ne pouvait ordonner qu'une plantation de bornes provisoire et à la suite d'une demande en complainte. Aujourd'hui la loi du 25 mai 1838 sur les justices de paix, a accordé aux juges de paix la connaissance des actions en bornage. (Art. 6, § 2.) Mais il ne s'agit plus d'une action provisoire : c'est un règlement définitif, sauf l'appel qui est de droit dans cette matière.

141. — C'est donc le juge de paix qui est compétent. La procédure de l'instance ne nous arrêtera pas ; comme toutes les autres, elle se fera par une citation à comparaître à tel délai, citation qui aura presque toujours été précédée du billet d'avertissement dont le but est d'amener les parties à la conciliation et à un arrangement amiable.

Dans la citation le demandeur exposera sa prétention par ses conclusions que le juge ne doit jamais perdre de vue.

142. — Telle est la marche ordinaire, mais il peut

arriver que les parties agissant d'abord pour un autre objet, transforment l'action primitive en une demande en bornage, alors le juge de paix est aussi régulièrement saisi. Et il a été jugé avec raison, suivant nous, que la convention par laquelle, dans le cours d'une instance possessoire, les parties consentent devant le juge de paix qui leur en donne acte, à la fixation par expert de la ligne séparative de leurs fonds contigus, a pour effet de convertir l'instance possessoire en une instance en bornage investissant le juge de paix des pouvoirs à lui attribués en cette matière.

Que, dès lors, le juge de paix peut procéder au bornage dont il se trouve saisi par ce contrat judiciaire, malgré le refus ultérieur de l'une des parties de donner son assentiment à l'opération des experts et d'en signer le procès-verbal. (Cass., 10 avril 1866. D., 66, 1. 380.)

143. — Mais si le juge de paix est compétent, faudra-t-il que le demandeur assigne en bornage devant le tribunal du défendeur, ou devant celui de la situation de l'immeuble, ou peut-il choisir entre les deux celui qui lui conviendra le mieux?

Cette dernière opinion a été admise par certains auteurs qui, se basant sur le caractère mixte de l'action en bornage, ont argumenté de l'art. 59, al. 3 du Code de procédure pour soutenir que le demandeur a le choix entre ces deux juges de paix. Cependant il faut bien dire que ce système est peu défendu aujourd'hui. (*Vide tamen,* Naquet, Caractères des actions mixtes, page 50. Paris, 1874.)

L'opinion généralement acceptée est que seul le

juge de paix de la situation des lieux est compétent pour connaître de cette affaire (Demol., n° 243. Curasson, t. ii, p. 559. Guilbon, n° 798, et les nombreuses autorités citées par cet auteur). Et c'est aussi notre opinion; car si l'art. 3, § 2 et 3 du Code de procédure accorde la connaissance des actions possessoires et des actions en déplacement de bornes, au juge de la situation des lieux litigieux, il nous semble qu'il y a même raison de décider en ce qui concerne notre action, qui comme les deux précédentes exigera des accessions de lieux, des expertises, etc., etc..... beaucoup plus faciles pour le juge de la situation des lieux que pour celui du domicile du défendeur.

Ajoutons que la place occupée par l'art. 646 semble indiquer à notre action un caractère de réalité dont l'effet doit être de rendre compétent le juge de la situation des lieux litigieux.

144. — Mais il peut se faire que les héritages qu'il s'agit de borner soient situés sur des cantons différents, alors s'élève la question de savoir quel sera le juge compétent parmi les juges des différents cantons ?

M. Millet pense que ce sera toujours le juge du territoire du défendeur : nous croyons au contraire que par argument de l'art. 2210 du Code Napoléon, la citation devra être donnée devant le juge du lieu où est située la partie des biens qui donne un revenu plus considérable.

145. — § 2. C'est donc le juge de paix qui est compétent, mais l'art. 6, § 2 de la loi de 1838, en lui attribuant compétence, l'a restreinte aux cas où *ni la propriété ni les titres ne seront contestés*. Et ce n'est

pas un problème bien facile que celui de rechercher dans quelles circonstances il y aura ainsi contestation sur la propriété et sur les titres. Aussi
avouons-nous que c'est avec une très-grande timidité
que nous abordons l'étude de cette question délicate.

146. — Mais avant de formuler un principe, il est
nécessaire que nous retracions ici les passages importants des discours prononcés à l'appui de la loi
par les différents orateurs dans les assemblées légis-
latives, et l'historique de cette loi.

147. — Le projet de loi de 1835 sur l'organisation
judiciaire comprenait dans l'art. IV, n° 6, les actions
en bornage entre propriétaires voisins, lorsque la
propriété et les titres qui l'établissent ne sont pas
contestés. Ce projet fut soumis à la Cour de Cassation et aux Cours royales.

La cour d'Amiens fit les observations suivantes :
c'est, sans doute, par erreur que le rapporteur de la
commission a dit que l'action en bornage était attribuée au juge de paix, lorsque la propriété n'était pas
contestée. La loi du 24 août 1790 ne lui défère que le
déplacement de bornes commis dans l'année, et cette
action ne peut être confondue avec l'action en mesurage et en bornage. Cette dernière action, par le
nombre des parties ordinairement en cause, par la
nécessité du renvoi devant le tribunal, lorsque la
propriété et les titres sont contestés, ce qui arrive le
plus souvent, doit être maintenue dans la juridiction
des tribunaux de première instance.

La cour de Metz demande qu'on exprime nettement que le juge de paix n'est compétent que quand
la propriété *et ses limites* ne sont pas contestées.

148. — Le 6 janvier 1837, l'ancien projet de loi est reproduit par M. Persil, garde des sceaux : « Le juge de paix, dit le garde des sceaux, est juge ordinaire de la possession. Si le litige porte sur la propriété, l'examen des titres et la connaissance approfondie du droit sont nécessaires ; dès lors doit cesser sa juridiction exceptionnelle. C'est ce qu'explique le projet, en même temps qu'il défère au tribunal de paix les actions en bornage, ainsi que quelques autres contestations qui naissent des rapports de voisinage, discussions toujours peu importantes dans leur principe, à l'occasion desquelles il est si regrettable de voir aujourd'hui engager devant les tribunaux de première instance des procès que l'amour propre élève aussi souvent qu'un véritable intérêt, et qui, plus tard, n'entretiennent les divisions qu'à raison des frais considérables qu'ils ont entraînés, et dont chaque plaideur s'efforce de repousser le pesant fardeau comme une cause de gène ou de ruine. »

149. — Le 29 mars 1837, à la Chambre des députés, rapport fait par M. Renouard, qui s'exprime ainsi sur l'art. 6 : « Il contient entre autres additions celle des actions en bornage que la loi du 24 août 1790 n'attribuait pas aux juges de paix, puisqu'elle ne leur déférait que les déplacements de bornes commis dans l'année. Cette extension de compétence était vivement réclamée, et la division toujours croissante des propriétés en rend la nécessité de plus en plus sensible. Les frais que les bornages entraînent les ont rendus beaucoup trop rares. Il importe à l'ordre public que les limites des propriétés soient fixées : par là on prévient des procès et des voies de fait ; seulement il

importait de constater que si des questions de propriétés se trouvent engagées dans le litige, le juge de
paix n'en devra pas connaître. »

150. — Le 18 mai 1837, la Chambre des députés adop-
tait la loi. Le discours de présentation fait à la Chambre des députés, par M. Barthe, ministre de la justice, est au point de vue qui nous occupe d'une importance considérable : « Au nombre des fréquentes
contestations que font naître les rapports du voisinage sont celles qui s'agitent au sujet de la *délimitation des propriétés*, de la distance à observer pour
les plantations d'arbres ou de haies, et des constructions et travaux destinés à préserver de dommage
les propriétés urbaines contiguës. Ces discussions ne
se jugent bien que par la vue des lieux; c'est en leur
présence que *les titres s'interprètent* sans équivoque,
et que les subterfuges échappent à la mauvaise foi,
que les droits s'éclaircissent. Ordinairement plus à la
portée des lieux contentieux, et pouvant, dans tous
les cas, mieux s'y transporter qu'un tribunal plus
nombreux, le juge de paix évitera aux parties les
frais d'expertise, il se servira à lui-même d'expert et
de géomètre; la division sans cesse croissante des
propriétés rend cette mission de plus en plus nécessaire.

« Nous ne doutons pas que, si elle est bien comprise, ce magistrat ne trouve dans l'accomplissement
le principe de la plus heureuse influence. *Mais s'il
s'agit moins de rechercher les bornes et de les poser
que de statuer sur une revendication de propriété,
ou si, à l'occasion, soit de travaux de précaution à
faire, soit de la distance à observer dans les plan-*

tations, la propriété ou les titres qui l'établissent sont contestés, de trop graves intérêts étant alors engagés, la compétence exceptionnelle s'arrêtera. »

Nous insistons tout particulièrement sur ce passage qui nous donne le sens et le véritable esprit du législateur.

151. — Lors de la troisième présentation, le 15 février 1838, à la Chambre des députés, de la loi sur les justices de paix, M. Barthe a reproduit les motifs donnés en 1837, et nous retrouvons ces deux phrases : « Aux avantages de l'épargne des frais et d'une décision qui ne se fera pas attendre, le juge de paix joindra autant de garanties qu'une autre juridiction..... s'il s'agit moins de rechercher les bornes et de les poser que de statuer sur une revendication de propriété..... de trop graves intérêts étant alors engagés, la compétence exceptionnelle s'arrêtera. »

152. — La discussion dans les deux Chambres ne présente aucun intérêt et aucun éclaircissement sur le véritable sens de la loi. Cependant à la séance du 23 avril, M. Taillandier, député, fit remarquer que les dispositions de la loi étaient vagues : « Je demande, dit-il, à la commission, comment elle peut supposer qu'un procès en bornage s'établira s'il n'y a pas contestation sur le titre ? » Le rapporteur, M. Amilhau, répond : « Lorsque le titre n'est pas contesté *et que les parties ne sont pas d'accord sur le lieu du bornage, chacun remet ses titres au juge de paix, qui fait une visite de lieux et qui ordonne que la borne sera placée à l'endroit déterminé par l'expert. Si l'on conteste le titre, alors c'est une question de propriété, il faut aller devant les tribunaux*

*ordinaires. Voilà la distinction que la commission
a établie.* »

153. — Telles sont les notions historiques qu'il
était de toute nécessité de rappeler ici : et maintenant l'explication de la loi de 1838, en ce qui concerne
ces derniers mots de notre art. 6, § 2. « lorsque la
propriété ou les titres qui l'établissent ne sont pas
contestés, » est-elle plus facile? Nous ne le croyons
pas, et il est à craindre que le juge de paix en présence d'un texte aussi peu précis, ou bien ne déclare
trop facilement son incompétence, ou au contraire
n'outrepasse ses pouvoirs, en n'apercevant pas au
juste la barrière qu'il ne devrait pas franchir.

Quand donc cessera la compétence du juge de
paix ?

154. — De la lecture attentive des paroles de M.
Barthe, il nous semble que les auteurs de la loi ont
eu en vue deux choses bien distinctes : 1° La recherche des limites par l'interprétation des titres de
chacune des parties; et 2° la revendication de la propriété, c'est-à-dire la prétention exclusive de l'un
des plaideurs à une portion déterminée des terrains
à borner.

155. — Et en effet, si l'action en bornage a de très-
grandes affinités avec l'action en revendication, il ne
faut cependant pas les confondre, car il y a entre
elles des différences considérables. Curasson, t. II,
p. 527, est à cet égard d'une très-grande lucidité;
nous lui laissons la parole :

« Dans la demande en revendication, loin qu'il s'a-
« gisse de fixer des limites, le corps de domaine, ou
« le fonds revendiqué est si peu équivoque, que sa

« contenance et ses confins doivent être précisés
« dans l'exploit d'ajournement à peine de nullité. Le
« demandeur qui revendique ainsi un objet parfaite-
« ment déterminé avoue par la nature même de sa
« demande, la possession du détenteur; il est donc
« tenu de prouver que cette détention est illégale : le
» détenteur est réputé propriétaire jusqu'à preuve
« contraire. Ainsi, c'est au demandeur à détruire
« cette présomption légale, *en établissant sa pro-*
« *priété par un titre formel ou par la preuve d'une*
« *possession qui en tienne lieu,* jusque là le défen-
« deur qui détient n'a rien à prouver, il peut se
« borner à dire, *possideo quia possideo.*

« Dans l'action *finium regundorum,* c'est diffé-
« rent : il s'agit de fonds ou de deux corps de do-
« maine contigus, et dont la propriété est reconnue
« à chacune des parties; la difficulté ne porte que
« sur l'étendue des héritages respectifs, attendu l'in-
« certitude des limites qu'il s'agit de fixer et de re-
« connaître. Chacune des parties ne demande qu'à
« rentrer dans ce qui sera reconnu manquer à la
« contenance de son héritage par suite de la délimi-
« tation : que la propriété de telle ou telle étendue de
« terrain dépende du bornage, toujours est-il que la
« contestation ne porte point sur le corps de l'im-
« meuble, les limites seules sont l'objet du litige;
« il n'y a donc pas de raison pour dispenser l'une
« des parties de prouver, en rejetant sur l'autre le
« fardeau de la preuve. »

Cette différence entre l'action en bornage et l'action
en revendication a encore été très-nettement établie
dans un rapport fait par M. Mesnard devant la

Chambre des requêtes de la Cour de cassation. (2 avril 1850. Jour. du P. 1851. t. 1. p. 552.)

156. — Et telle est, croyons-nous, la véritable pensée de la loi. Toutes les fois que l'une des parties invoquera un titre formel, ou une cause acquisitive de propriété, de façon à se faire attribuer à elle seule, la totalité ou partie des terrains litigieux, il y a là une demande en revendication, l'incompétence du juge de paix doit être déclarée, même d'office.

157. — Examinons maintenant diverses hypothèses pour éclaircir ces principes trop abstraits, mais notons de suite que dans la plupart des cas, la contestation des titres se confondra avec la contestation de la propriété elle-même, car elle n'aura qu'un seul but, faire écarter le titre de l'adversaire afin d'arriver ainsi à se faire déclarer propriétaire à l'exclusion de l'autre, soit de l'immeuble entier, soit de partie seulement de l'héritage à borner.

Cependant il peut y avoir des hypothèses où la question de validité du titre sera indépendante, et nous en rencontrerons plus tard.

158. — 1re hypothèse. — Le juge de paix doit-il se déclarer incompétent lorsque le défendeur assigné en bornage soutient que le demandeur n'est pas propriétaire du fonds qu'il possède *pro suo* et dont il demande le bornage ?

Nous ne le pensons pas : « Que fait au défendeur, dit M. Duranton, t. v. p. 253, que le demandeur ne soit pas propriétaire du fonds qu'il s'agit de limiter, s'il ne se plaint d'aucun empiétement sur le sien propre ? Un possesseur est réputé propriétaire jusqu'à preuve contraire, et cette preuve n'est recevable que si elle est fournie par celui-là même qui se prétend propriétaire ou par ses ayant cause; les tiers n'ont point à se mêler d'une telle question. »

« D'une part, dit M. Demolombe au n° 249, celui qui possède comme propriétaire est réputé, en effet, être propriétaire à l'égard des tiers qui ne prétendent pas eux-mêmes à la propriété du fonds qu'il détient ; et le défendeur est ici sans qualité pour soulever une question de propriété.

« D'autre part, il n'y a ni de près ni de loin, aucune question de propriété que le juge de paix doive résoudre, afin de statuer sur l'action en bornage qui lui est soumise, puisque ni le demandeur ni le défendeur ne revendiquent rien l'un contre l'autre. »

Telle est l'opinion que nous croyons devoir admettre. Mais si la propriété était revendiquée par le défendeur, si au lieu de dire simplement, ce n'est pas vous qui êtes propriétaire, il ajoutait : c'est moi qui le suis, ou même s'il contestait au demandeur la possession en vertu de laquelle il agit, nous croyons que le juge de paix devrait se déclarer incompétent, pourvu toutefois que la prétention ne fût pas sans fondement. (Conf. Demol. n° 249 — Guilbon n° 800. Duranton. loc. cit. — Pothier n° 232. — Marcadé, art. 646. 2.)

159. — 2me hypothèse. — Le juge de paix doit-il se déclarer incompétent, lorsque les parties ne sont pas d'accord sur la ligne divisoire de leurs héritages et sur le lieu où les bornes doivent être plantées?

Cette question a fait naître des opinions bien diverses et nous devons en dire quelques mots. Suivant certains auteurs, la compétence des juges de paix n'existerait que quand les parties étant d'accord sur l'emplacement des bornes, il n'y aurait à faire que l'opération matérielle de leur plantation. Au delà, disent ces auteurs, on se heurte contre l'art. 6. § 2. de la loi de 1838 : il y a contestation de propriété. Cette doctrine a été surtout enseignée par M. Belime (Traité des actions possessoires, n° 214).

« Le but du législateur, dit cet auteur, sera facile-
« ment compris de tous ceux que le contact des
« campagnes a familiarisés avec les habitudes des
« petits propriétaires; il n'est pas facile de les ame-
« ner à borner volontairement, quand même aucune
« difficulté ne s'élève sur la délimitatiou des hérita-
« ges, on leur parle, on leur écrit même : ils ne
« répondent pas, mais sur l'assignation qu'on leur
« donne, ils consentent à borner en payant les frais
« faits jusque là. Ce sont ces espèces de contestations
« journalières dans les campagnes que la loi a sage-
« ment placées dans les attributions de la justice de
« paix, parce qu'il était déplorable d'obliger les parties
« à en saisir un tribunal devant lequel les frais sont
« plus considérables... Enfin une question de pro-
« priété s'élève qui fait cesser la compétence du juge
« de paix, dès l'instant que les deux propriétaires
« contestent sur la place où doivent être posées les
« bornes, par le motif que tout l'espace intermédiaire
« devient alors litigieux. »

Telle est aussi l'opinion admise par M. Mourlon, dans ses répétitions écrites sur le code Napoléon. vol. 1. art. 646.

160. — Mais cette opinion ne saurait être la nôtre, et nous ne pouvons nous résigner à faire du juge de

paix un simple manœuvre que les parties appelle-
raient pour planter des bornes et en dresser un procès-
verbal. Et assurément la pensée de la loi ne saurait
être ainsi restreinte : pour le prouver, nous n'avons
qu'à renvoyer aux paroles de M. Barthe, où il est
question de la délimitation de la propriété, aux
observations de la Cour de Metz, qui demandait que
l'on insérât dans la loi que l'incompétence existerait
dès que LES LIMITES DE LA PROPRIÉTÉ seraient contestées, ce qui ne fut pas admis, et enfin à la réponse
faite par M. Amilhau à l'interpellation de M. Taillandier.

Aussi la Cour de cassation a-t-elle jugé avec raison : que le juge de paix est compétent, non pas seulement lorsqu'il s'agit du simple fait matériel du
placement des bornes sur une limite convenue, mais
encore lorsqu'il y a lieu de rechercher les limites,
devenues incertaines, des deux propriétés à borner,
alors que dans cette recherche le juge de paix n'a
qu'à interroger des titres non contestés, même en les
interprètant, ou à consulter les possessions respectives, les traces de délimitation, et tous les
documents, anciens ou nouveaux, tels que pa-
piers terriers, livres d'arpentement, cadastre qui
peuvent l'éclairer sur la décision à prendre. (Cass.
12 juin 1865. D. 65. 1. 464. — Cass. 10 avril 1866.
D. 66. 1. 380.)

Dans cette dernière affaire, à l'appui du pourvoi on
disait : dès que les limites ne sont pas connues, le
juge de paix en les cherchant tranche une question
de propriété, et il y a alors cumul du possessoire et
du pétitoire : La Cour a répondu : « attendu que la

« compétence du juge de paix ne se réduit pas, en
« cette matière, au fait matériel du placement des
« bornes sur une limite convenue, qu'il lui appartient
« de rechercher la limite devenue incertaine des deux
« propriétés à borner, en interrogeant les titres, les
« traces de possession ancienne, la possession
« actuelle, ainsi que tous les documents qui peuvent
« l'éclairer sur la décision qu'il a à rendre. »

161. — Ce désaccord sur la ligne divisoire peut se
présenter dans des espèces différentes, et ce qui fait
la difficulté, c'est que chacune des parties demande
que les bornes soient placées sur des lignes diverses
en sorte que tout le terrain placé entre ces deux
lignes devient litigieux, le juge de paix devient-il
incompétent. Examinons plusieurs espèces.

162. — 1re hypothèse. — Supposons que les parties
produisent des titres dont les énonciations de contenance rendent l'application impossible, parce que la
contenance indiquée est plus grande que la contenance réelle, chaque partie demande naturellement
que le voisin soit sacrifié et que le bornage se fasse
sans se préoccuper des titres de l'adversaire ; dans
ce cas y a-t-il contestation de titres ou question de
propriété de nature à rendre le juge de paix incompétent ?

En principe, nous ne le croyons pas, dans ce cas
en effet, ce désaccord n'est pas une revendication, ce
n'est qu'une question d'interprétation de titres, et
comme le dit M. Demolombe, n° 252 : « La contestation, en tant qu'elle porte sur les lieux où les bornes doivent être placées, n'est qu'un des accidents du
bornage qui a précisément pour but de ramener les

possessions dans les limites énoncées par les titres et d'opérer des restitutions contre lesquelles les parties opposent toujours plus ou moins des objections et des résistances naturelles sans doute, mais qui ne sauraient entraver la compétence du juge de paix. Autrement la juridiction de ce magistrat serait à la discrétion des parties, et elle n'existerait qu'autant que celles-ci seraient d'accord constamment en tout ou partie, c'est-à-dire qu'elle serait anéantie. »

Aussi a-t-il été jugé avec raison par la Cour de cassation que : le juge de paix est compétent pour procéder au bornage des propriétés contigues, alors même qu'il résulterait de l'état des lieux, comparé à l'ensemble des titres produits un déficit de contenance rendant impossible l'application des titres aux héritages à borner. (Dalloz. 54. 1. 432. — 60. 1. 328.)

Seulement dans cette hypothèse le juge de paix pourrait ordonner la mise en cause des arrière-voisins afin que par un mesurage d'ensemble, on puisse arriver à donner à chacun ce qui lui appartient.

163. — 2ᵉ hypothèse. — Chacune des parties présente au juge de paix des titres, mais les contenances qui y sont indiquées ne sont pas nettement accusées, pas plus que les limites des héritages à borner. Le juge peut-il en interprétant les titres, décider que la ligne divisoire ira de tel point à tel autre? Cela ne nous paraît pas douteux. Il n'y a dans l'espèce aucune contestation sur le titre, sur sa substance, sur sa validité ; tout ce que l'on débat, c'est l'interprétation que pourrait faire le juge de paix, mais ici encore, les parties ne font qu'opposer une résistance qui ne peut entraver la compétence du juge de paix.

164. — 3ᵉ hypothèse. — L'une des parties possède un excédant de terrain, l'autre éprouve un déficit. Celle qui a plus, se refuse au bornage s'il ne se fait pas dans les limites de la possession actuelle, et soutient qu'elle a la possession annale du terrain qu'elle occupe. Une telle prétention est-elle de nature à rendre le juge de paix incompétent?

La Cour de cassation a déjà été appelée à statuer plusieurs fois sur cette espèce, et toujours elle a jugé en faveur de la compétence du juge de paix. (Cass. 19 nov. 1845. D. 46. 1. 151. — D. 60. 1. 137. — Cass. 23 avril 1873. Sirey. 73. 1. 361). Et c'est avec raison, croyons-nous ; parce que ni la possession annale, ni la possession actuelle ne sont un titre acquisitif de propriété ; opposer cette possession, c'est avouer que l'on n'est que simple possesseur d'une portion de terrain au-delà de ses titres, et le bornage a précisément pour but de faire rentrer les possesions respectives dans les limites déterminées par les titres.

M. Mesnard, conseiller chargé du rapport dans l'affaire de 1845, devant la Cour de cassation, a dit avec beaucoup de raison « *que la partie ne faisait que se débattre contre l'inévitable effet du bornage, qui, en pareille circonstance, aboutit à des reprises pour ramener précisément la jouissance dans les limites de chaque titre.* » (Conf. Demol. n° 251. — Aubry et Rau, p. 229. — Guilbon, n° 806.)

165. — Nous venons d'étudier diverses hypothèses dans lesquelles le désaccord des parties au sujet de la ligne divisoire, n'est pas, suivant nous, un obstacle à la compétence du juge de paix. Mais remarquons bien pourquoi : c'est parce que si l'une des parties

soutient que la parcelle de terrain située entre la ligne séparative qu'elle indique et celle que désire son voisin, doit lui être attribuée, elle ne combat pas, nous le supposons, les titres ou la possession de l'autre, à l'aide de moyens de droit ou de fait tendant à établir qu'elle a des titres ou une possession préférables. Aussi disons-nous que le juge de paix est compétent, parce qu'il n'a ici qu'à faire ce que M. Barthe, lors de la présentation de la loi, voulait lui donner la mission d'accomplir, interroger des titres respectifs, les rapprocher, les interpréter, pour arriver à les combiner dans le résultat de l'opération du bornage.

166. — Mais si l'une des parties invoque à l'appui de sa demande tendant à ce que la ligne divisoire passe dans tel endroit, une cause acquisitive de propriété, dont l'effet sera de paralyser le titre du voisin, parce qu'il lui confère un droit exclusif sur la partie litigieuse, alors le juge est incompétent, parce qu'il n'y a plus ici qu'une question de revendication.

167. — L'hypothèse la plus fréquente en pratique est celle où l'une des parties invoque la prescription comme lui ayant conféré un droit de propriété sur la parcelle de terrain qui fait l'objet du litige. Dans ce cas, nous n'hésitons pas à dire avec tous les auteurs que le juge de paix cessera d'être compétent (v^{de} Demol, n° 250. — Aubry et Rau, p. 229. — Curasson, p. 545.)

Les tribunaux ont été appelés très-souvent à décider cette question, et ils l'ont toujours tranchée dans le sens que nous indiquons. Ainsi ils ont jugé que :

I° Lorsque dans une instance en bornage, l'une

des parties prétend qu'elle ne possède rien au-delà de son titre, et que d'ailleurs l'excédant, s'il en existe, lui est acquis par prescription, la propriété est contestée, dans le sens de la loi du 25 mai 1838, art. 6, § 2, et dès lors, le tribunal de première instance devient seul compétent. (Douai, 19 janv. 1848. *Journ. du Palais,* 1849, t. ii, page 61.)

II° Lorsque sur une action en bornage intentée contre elle, une commune revendique formellement la propriété des terrains litigieux, soit en ce qu'ils lui auraient été attribués comme terres vaines et vagues par les lois des 28 août 1792 et 10 juin 1793, soit comme les ayant acquis par prescription, et qu'à l'appui de cette prescription, elle invoque une possesion plus que trentenaire, il y a là contestation sur la propriété qui rend le juge de paix incompétent. (Cass. 3 janv. 1872. *Jour. du Palais,* 1872, p. 23.)

III° De même, lorsque le défendeur s'oppose au déplacement des bornes qu'il prétend exister depuis plus de trente ans, et soutient avoir acquis par prescription le terrain compris dans la limite de ces bornes, ou bien excipe de la possession plus que trentenaire de partie des terrains à borner. (Cass. 18 mai. — 9 août 1859. *J. d. P.* 1859. p. 960.)

IV° Lorsque dans une instance en bornage l'une des parties soutient être propriétaire d'une parcelle de terre sur laquelle l'autre partie a planté une haie, et qu'elle précise dans des conclusions prises à l'audience, ses titres et la prescription à l'aide desquels elle entend prouver son droit de propriété, il y a là contestation sur la propriété qui doit rendre le juge de paix incompétent. (Cass. 15 déc. 1868. J. d. P. 69. i. p. 51.)

Tel est le cas le plus fréquent ; en pratique, la prescription est souvent invoquée par l'une des parties, et nous ne citons que comme exemples les arrêts que nous pourrions multiplier. Mais cette hypothèse n'est pas la seule.

168. — Supposons, par exemple, que l'une des parties soutienne qu'il ne faut pas comprendre dans l'opération du bornage, pour composer la mesure indiquée aux titres, telle portion de terrain qui a été ajoutée au fonds par suite d'érosions ou d'alluvions ; alors nous croyons que le juge devrait, dans cette hypothèse, se déclarer incompétent, parce qu'il s'agit ici d'une revendication basée sur un mode d'acquérir la propriété, sur l'accession. (art. 712. Aubry et Rau, p. 229. a. note 37.)

169. — Ou bien encore supposons que la contenance du terrain étant inférieure à celle des titres, l'une des parties veut que le bornage soit fait uniquement d'après le sien, en offrant d'établir son droit sur toute la contenance indiquée dans son acte, d'une manière spéciale et directe, par exemple, si elle prétend que le déficit provient uniquement d'empiètements commis au détriment du voisin.

170. — Le juge de paix devrait encore se déclarer incompétent lorsque l'un des propriétaires soutient que son voisin, dont le titre porte telle contenance, ne peut en être propriétaire, parce que son auteur ne l'étant pas lui-même de tout le terrain indiqué, n'a pu le lui transmettre, ici encore il y a contestation sur le titre et la propriété. (Aubry et Rau, p. 230, C.).

171. — De même, nous pensons que le juge de paix devrait se déclarer incompétent lorsque le titre en vertu duquel le demandeur agit, est argué de nullité par le défendeur, qui soutient, soit que le titre est nul, soit qu'il ne peut donner qu'une détention précaire.

172. — Nous ne pouvons pas donner ici toutes les hypothèses dans lesquelles il pourra se produire une contestation sur la propriété ou sur les titres. Nous avons posé la règle que nous croyons vraie, que le juge de paix doit se déclarer incompétent toutes les fois qu'on allégue un titre ou une cause acquisitive de propriété qui doit, si elle est justifiée, paralyser les prétentions de l'adversaire.

173. — Mais si le titre en lui-même n'est pas contesté, s'il ne s'agit que d'apprécier la valeur relative des titres et des documents, de statuer à l'égard d'une contenance approximative, de faire restituer l'excédant possédé par l'une des parties au-delà de son titre, en un mot, toutes les fois qu'il s'agira uniquement de combiner des titres entre eux, nous ne voyons plus là une contestation de titres ou de propriété dans le sens de la loi.

Aussi croyons-nous que c'est avec raison que la Cour de cassation a décidé que le juge de paix est compétent pour convertir en mesures nouvelles (hectares, ares, centiares) les quantités portées dans les actes avec leurs anciennes dénominations (arpents, perches, mines), encore bien que les parties ne fussent pas d'accord sur le rapport des anciennes mesures avec les nouvelles, une telle interprétation ne rentrant évidemment que dans l'application des titres. (Cass. 11 juin 1861. *Journal du Palais*. 1864. p. 774.)

Et, de même, nous pensons que la Cour de cassation a sagement jugé, lorsque, dans un arrêt récent, elle a déclaré que le juge de paix est compétent pour connaître si le titre invoqué par l'une des parties s'applique bien aux terrains en litige. (Cassation, 23 avril 1873. Sirey, 73. 1. 361.) Autrement, il serait par trop facile de dessaisir le juge de paix qui serait ainsi à la merci des parties, dont le mauvais vouloir n'hésiterait pas quelquefois à susciter de semblables querelles.

174. — Nous savons maintenant quand devra cesser la compétence du juge de paix. C'est lorsqu'il y aura contestation sur la propriété ou sur les titres. Mais pour rendre le juge incompétent, suffira-t-il de dire : *Je conteste la proprieté, où je m'oppose à l'application de tel titre*, sans donner d'autres motifs d'une semblable prétention ?

Assurément non, et tout le monde admet qu'il faudra une contestation sérieuse, de nature à présenter quelque apparence de fondement et non pas seulement une simple dénégation qui pourrait n'être dictée que par un esprit de chicane et de mauvaise foi. Aussi le juge a-t-il un certain pouvoir d'appréciation. Mais les arrêts nombreux rendus en cette matière nous démontrent que souvent le juge de paix s'arroge un pouvoir qu'il n'a pas. Ce qu'il doit faire, c'est seulement examiner s'il y a à l'appui du déclinatoire d'incompétence des motifs plausibles sans toutefois qu'il apprécie au fond la valeur des prétentions émises.

175. — Nous allons rappeler ici les décisions principales de la jurisprudence qui feront mieux comprendre notre pensée.

I° La Cour de cassation a jugé que l'art. 6, n° 2 de la loi du 25 mai 1838 suivant lequel le juge de paix devient incompétent pour connaître d'une action en bornage lorsque la propriété ou les titres sont contestés, suppose une contestation sérieuse et réelle. Et l'on ne pourrait voir une contestation de cette nature dans la simple réclamation faite par l'une des parties d'une contenance supérieure à celle portée sur son titre, avec allégation qu'elle en a la possession, alors d'ailleurs qu'elle n'allègue d'autres preuves de cette prétendue possession que les énonciations du cadastre.

« Attendu, dit la Cour, qu'une telle articulation n'était pas de nature à constituer une contestation sérieuse et réelle de titres et de propriété, dans le sens de la loi, qui pût motiver l'incompétence du juge de paix saisi de l'action en bornage ; et que s'il suffisait pour arriver à ce résultat, d'allégations aussi peu précises et du moindre différend entre les parties qui ont consenti au bornage, sur la contenance et les limites de leurs propriétés respectives, la mission du juge de paix réduite en cette matière à rester purement passive, n'aurait pas l'efficacité qu'il a été dans la pensée de la loi de lui attribuer » (Cassation 16 mai 1860. Jour. du Pal. 1860. p. 1112.)

II° La Cour de Cassation a encore jugé : qu'il n'y a pas contestation sérieuse sur la propriété, de nature à faire cesser la compétence du juge de paix, lorsque l'une des parties se contente d'alléguer que le terrain

que l'autre partie demande à faire comprendre dans
ses limites, est mitoyen, sans invoquer à l'appui de
son allégation ni titre ni prescription (Cass. 10 avril
1866. J. du Palais 1866. p. 764.)

III° Mais si l'une des parties invoquant à l'appui de
sa prétention, une prescrciption trentenaire, articule
des faits de possession, le juge de paix ne peut pas—
ser outre sous prétexte que le prétendu moyen de
prescription invoqué n'est pas sérieux.... Cass. 18
mai — 8 août 1849. J. du Palais 1859. p. 960. —
Cass. 15 déc. 1868. Jour. du Palais. 69. t. i. p. 51. —
Cass. 3 janv. 1872. Jour. du Palais. 1872. p. 23. —
Cass. 10 fév. 1873. Sirey 1873. 1. 149.

Dans cette dernière espèce, le tribunal de paix de
Prauthoy (Haute—Marne) avait homologué un rap—
port d'expert, sans égard à l'exception de prescription
proposée par l'une des parties qui se soutenait pro—
priétaire.

Sur l'appel, le Tribunal de première instance de
Langres avait confirmé la sentence, et repoussé les
conclusions à fin d'incompétence.

Attendu : dit ce jugement, que si Lorel a offert
devant le juge de paix, la preuve par enquête d'une
posession plus qu'annale, contraire à l'opération qu'il
critique, ce magistrat a été autorisé à ne pas l'ac—
cueillir en se conformant aux dispositions de l'art.
2229. C. Civ. qui exige une possession continue et
non interrompue, non équivoque et à titre de pro—
priétaire : que dans l'état des lieux, cette possession
invoquée ne se rattachait à aucun signe délimi—
tatif certain et qui aurait servi de point d'arrêt à une
jouissance antérieure ; que dès lors ne réunissant pas

les conditions requises par la loi, le premier juge a avec raison refusé de l'accueillir. »

La Cour de cassation saisie statua en ces termes :

Attendu que de cette question de prescription est née une contestation sur la propriété qui est hors de la compétence du juge saisi d'une action en bornage ; que cependant le jugement attaqué en appréciant les caractères de la possession du demandeur a décidé qu'elle ne réunissait pas les conditions exigées par la loi, qu'en statuant ainsi, il a prononcé sur une question de propriété dont il ne pouvait régulièrement connaître, et a en conséquence violé l'art 6 de la loi de 1838 ; casse.

IV° La Cour a jugé que quand dans une action en bornage, une des parties invoque à l'appui de sa prétention la propriété d'une parcelle de terre, une convention émanant de l'auteur de l'adversaire, il n'appartient pas au juge de paix de statuer sur ce titre et de l'écarter en déclarant que la contestation n'est pas sérieuse. (Cass 28 février 1870. D. 70. 1. 99.)

Dans l'espèce, les sieurs Tessier et Gibert avaient requis le juge de paix de Bordeaux de procéder au bornage de leurs propriétés. Mais le sieur Gibert avait prétendu que sa propriété ne s'arrêtait pas à un mur par lui construit, et qui d'après Tessier marquait la limite des deux fonds. Gibert soutenait qu'au delà dudit mur il était propriétaire d'une bande de terrain large d'un mètre, que son auteur avait laissée lors de la construction du mur, pour le tour de l'échelle et les réparations. Il ajoutait qu'il était en posession de cette bande de terre, qu'il l'avait récemment plantée, et il invoquait un acte en forme de compromis par lequel, l'auteur du sieur Tessier aurait reconnu à son propre auteur, la propriété du terrain litigieux.

Le juge de paix écarta la prétention de Gibert comme non sérieuse. Sur l'appel, le tribunal de Bordeaux confirma la sentence. — Pourvoi de cassation de la part de Gibert pour violation de l'art, 6 § 2 de la loi de 1838.

La cour.......: vu l'art. 6, § 2 de la loi du 25 mai 1838. — Attendu qu'il est constant et qu'il résulte, tant de la sentence du juge de paix que du jugement attaqué, que Gibert était en possession de la bande de terre dont il se prétendait propriétaire, qu'elle avait été plantée par lui, qu'il s'opposait à la revendication de cette bande de terre par Tessier, que Gibert en appel se prévalait d'une convention synallagmatique intervenue entre les auteurs des parties et qui selon lui, avait consacré sa prétention : que le jugement statue sur ce titre et l'écarte en se fondant sur ce qu'il ne saurait prévaloir sur le titre direct de Gibert ; que cette appréciation excédait les pouvoirs du tribunal saisi d'une action en bornage, et qui n'avait pas compétence pour juger une question de propriété, sous prétexte que cette question n'était pas sérieuse ; casse.....

176. — Nous avons tenu à rapporter ces deux arrêts, parce que le nombre de documents de jurisprudence en cette matière, nous révèle que c'est là un écueil contre lequel vient échouer chaque jour le zèle des juges de paix : leur désir de bien faire les trompe et alors que la contestation soulevée a des

bases dont ils ne doivent pas apprécier la solidité, ils déclarent trop facilement les prétentions non sérieuses et les rejettent.

Au fond, ces deux arrêts nous paraissent bien rendus : que le juge de paix se rappelle qu'en écartant les demandes des parties, il statue implicitement sur une question de propriété, puisque sa sentence attribue à un seul un terrain sur lequel l'autre voisin prétend avoir des droits. Et cela ne lui est pas permis.

177. — Mais comme on ne peut laisser la compétence de ce magistrat au caprice des plaideurs, il faut donner au juge un certain pouvoir d'appréciation, afin qu'il puisse voir si les allégations ne sont pas tellement vagues et irrélevantes qu'elles ne présenteraient aucun caractère sérieux, mais sans qu'il puisse apprécier le mérite des prétentions des parties ou des faits de possession qu'elles allèguent. (Conf. Demol., n° 273. — Aubry et Rau., p. 230. — Guilbon, n° 812 et les autorités qu'il cite.)

Dans la première espèce, le juge de paix n'avait qu'une chose à faire, vérifier s'il y avait des faits de possession, sans aller au-delà et sans donner son appréciation sur le point de savoir s'ils rentraient dans l'application de l'art. 2229.

Dans la seconde, examiner si le titre existait réellement, sans en apprécier la portée au fond.

178. — Inutile de faire remarquer qu'il n'y a pas besoin de l'emploi d'une formule sacramentelle pour qu'il y ait contestation de propriété ou des titres. C'est une question de fait, et le juge de paix statuera d'après les conclusions des parties.

179. — Mais lorsque la contestation soulevée est reconnue par le juge de paix, comme sérieuse et non produite pour se soustraire à sa juridiction, il doit se déclarer même d'office incompétent. En effet, il ne s'agit pas dans ce cas d'une incompétence *ratione personæ*, fondée sur une question de domicile ou de situation, mais appartenant à la juridiction des juges de paix et susceptible d'être couverte par le silence des parties. (C. pr., 168-169). Mais il s'agit d'une incompétence *ratione materiæ*, c'est-à-dire dont la juridiction des juges de paix ne peut nullement connaître et qui nécessite l'application de l'art. 170 du Code de procédure civile. Et aussi, cette incompétence peut-elle être proposée en tout état de cause, et même en appel. (Conf. Aubry et Rau., p. 230 *in fine.* — Curasson, n° 758, t. ii. — Guilbon, 311. -- Morin, p. 151, n° 13). Telle est aussi l'opinion en faveur de laquelle la jurisprudence s'est plusieurs fois prónoncée. Ainsi il a été jugé que :

1° La contestation de la demande en bornage n'a pas besoin d'être produite à l'origine de l'instance, elle peut encore l'être après un jugement d'avant faire droit et une expertise constatant que les demandeurs n'ont pas déterminé l'étendue de leur demande. (Audience du 26 février 1858, 2ᵉ ch., tribunal de la Seine. *Gaz. des trib.*, avril 1858, p. 346.)

2° Que la contestation sur la propriété, qui rend le juge de paix incompétent, peut être élevée en tout état de cause spécialement après une descente sur les lieux contentieux et une expertise... il n'est pas nécessaire qu'une pareille exception soit proposée *in limine litis.* (Cass., 25 juillet 1848. J. du Pal., t. i, 1853).

3° Que la contestation sur la propriété des terrains contigus dont le bornage est demandé fait cesser la compétence du juge de l'action en bornage, alors qu'elle n'est élevée que devant les juges d'appel. (Cass., 8 août 1859. J. du Palais, 1859, p. 960. — Cass., 16 mars 1870. J. du Pal., 1870, p. 949.)

180. — Mais nous croyons que les parties pourraient proroger la juridiction du juge de paix. (Art. 7. C. pr. civ.). Et, à notre avis, elles agiraient sagement. Car elles éviteraient ainsi l'incertitude où elles se trouvent de voir à chaque instant s'élever des contestations sur la propriété, en même temps qu'elles gagneraient à la promptitude habituelle de cette juridiction et aux faibles dépenses qu'elle nécessite. Ajoutons qu'elles trouveraient une garantie complète dans la faculté de porter leur appel devant les juges qu'elles auraient volontairement abandonnés au premier degré.

181. — Mais si les parties n'ont pas prorogé la juridiction du juge de paix, celui-ci en se déclarant incompétent doit-il se dessaisir de l'action en bornage toute entière, ou seulement surseoir à y statuer jusqu'à ce que le tribunal de première instance ait vidé l'incident soulevé? Quelques auteurs ont admis l'opinion du *sursis*. (Comp. Millet, p. 500.)

Suivant d'autres, au contraire, le juge de paix doit absolument se dessaisir, et telle est à notre avis la seule solution admissible. Si, en effet, il résultait des conclusions des parties qu'il y a une action en revendication, le juge de paix est incompétent et cela d'une manière absolue. Même quand à l'origine l'instance est une action en bornage, la loi de 1838 n'en a accordé la connaissance au juge de paix que sous certaines conditions : *lorsque ni les titres ni la propriété ne sont pas contestés.* Qu'est-ce à dire, sinon que quand une contestation se produit, l'attribution de compétence doit cesser ?

Au surplus, rappelons ce que disaient les auteurs de la loi. M. Renouard : « Il importe à l'ordre public que les limites des propriétés soient fixées..... seulement il importait de constater que si des questions de propriété se trouvaient engagées dans le litige, le juge de paix *n'en* devra pas connaître. »

Et M. Barthe : « Mais s'il s'agit moins de rechercher les bornes et de les poser que de statuer sur une revendication de propriété..... la compétence *exceptionnelle* s'ARRÊTERA. Ajoutons que l'opinion contraire nécessiterait un circuit de procédure que la loi a toujours pour but d'éviter, et qu'il est beaucoup plus simple que le tribunal chargé de prononcer sur l'incident, prononce aussi sur le fond. (Conf. Aubry et Rau., p. 230. — Morin, p. 153, n° 15. — Curasson, t. ii, p. 558. — Guilbon, n° 814.) Telle est l'opinion qui a été plusieurs fois consacrée par la Cour de cassation. (Cass., 8 août 1859. *J. du p.*, 1859, p. 961. — Cass., 24 juillet 1860. *J. du p.*, 1861, p. 52.)

Ce dernier arrêt est très-explicite : « Attendu qu'il résulte de l'art. 6, § 2 de la loi du 25 mai 1838 que, quand une contestation sur la propriété ou sur les titres se produit dans le cours d'une instance en bornage, le juge de paix jusque-là compétent, cesse de l'être, et par là même est légalement dessaisi de la connaissance du litige, non-seulement en ce qui touche les titres et la propriété, mais encore en ce qui touche l'action en bornage elle-même; qu'en conséquence, il doit purement et simplement déclarer son incompétence et nous ordonner un sursis, en réservant de statuer ultérieurement sur le fonds même de la demande en bornage.

182. — Lorsque le juge de paix se déclare incompétent, il renvoie les parties devant les juges qui doivent en connaître, et la partie la plus diligente ajourne son adversaire devant le tribunal de première instance. Cette formalité doit-elle être précédée du préliminaire de conciliation que l'art. 48 du Code de procédure civile semble imposer avant toute action?

Si à l'origine l'action en bornage n'était rien autre chose qu'une revendication déguisée, le jugement par lequel le tribunal de paix rejette la demande comme incompétemment intentée, ne peut dispenser les parties de la mesure édictée par l'art. 48 du Code de procédure. Mais nous croyons au contraire que malgré les termes de l'article précité, si le juge de paix régulièrement saisi à l'origine ne devient incompétent qu'à la suite de l'un des incidents du bornage, le préliminaire de conciliation n'est plus de rigueur. En effet, la demande qui se présente dans ces conditions-là n'est pas introductive d'instance. De plus, à quoi le juge de paix pourrait-il sérieusement espérer d'aboutir, à concilier les parties dans son cabinet, alors qu'il n'a pu le faire à l'audience? Cela n'est pas vraisemblable, et pour une conciliation aussi peu probable, on nécessiterait les retards qu'entraîne une pareille mesure? Non cela ne se peut pas. Et si cela se pouvait, il est hors de doute qu'on éviterait ce

9

préliminaire inutile et gênant dans l'espèce, en obte-
nant du président du tribunal une autorisation d'assigner à bref délai, autorisation qu'il lui serait bien
difficile de refuser. (Contra Morin, p. 153.)

183. — Souvent lorsque le demandeur assigne son
adversaire en bornage, il déclare que son assignation
vaudra citation en conciliation pour le cas où il y
aurait contestation sur les titres et sur la propriété.
Et ainsi il évite, le cas échéant, les lenteurs et les frais
que le préliminaire de conciliation causerait, si on
admet qu'il est essentiel. (Curasson, t. II, p. 560.)

CHAPITRE V.

184. — Lorsque les propriétaires des héritages
contigus sont d'accord, ils font généralement seuls
le bornage de leurs biens. A cet effet ils confient à
des experts, géomètres, arpenteurs, la mission de
procéder à la délimitation des fonds, et quand ce travail est fait ils en dressent un procès-verbal qui,
rédigé soit par acte authentique, soit par acte sous
signatures privées, est destiné à faire connaître à
chacun l'étendue de sa propriété.

Si les divers intéressés ne sont pas d'accord, le
bornage se fait en justice, et alors le juge de paix si
aucune contestation sur les titres ou sur la propriété
ne s'élève, et si le tribunal de première instance dans
le cas contraire, fera le règlement des limites.

185. — Mais la loi française n'a donné aucune
espèce d'indication au sujet des mesures que les tribunaux devraient suivre pour atteindre ce but, aussi
s'est-il produit des dissidences graves entre les auteurs qui ont écrit sur ce sujet.

Pour nous, avant d'aborder ce chapitre, nous ne
croyons pouvoir mieux faire que de renvoyer le juge
de paix aux règles du droit romain qui assurément

dans une matière traitée si laconiquement par notre Code, doit retrouver toute son autorité. (Voyez notre ch. vi, du bornage en droit romain.)

Or, d'après la loi romaine, le premier devoir du juge chargé d'une action en bornage, est d'envoyer des experts pour procéder au mesurage, de se rendre lui-même sur les lieux, de consulter les titres, surtout les anciens, d'interroger les *vetera monumenta*, le cadastre, la possession, et d'examiner avec soin si l'état ancien des lieux n'a pas subi des changements par suite des transmissions successorales ou de la volonté des parties, et puis si tout cela n'aboutit pas à décider le juge, d'entendre des témoins ou de juger d'après des présomptions.

186. — Tel est le résumé de la loi romaine. Aujourd'hui cette doctrine suivie par la grande majorité des interprètes a trouvé un contradicteur convaincu dans la personne de M. Morin, qui dans une monographie intéressante intitulée : *Principes du bornage*, s'est efforcé de prouver que seule la possession devait être prise en considération, et que les titres des parties lorsqu'ils n'émanent pas d'auteurs communs ne pouvaient produire aucun effet.

Tout le système de M. Morin se résume dans les quelques lignes qui suivent : l'art. 1165 déclare que les conventions n'ont d'effet qu'entre les parties contractantes, or le titre en vertu duquel je me prétends propriétaire n'étant pas contradictoirement établi avec celui auquel je l'oppose, ne peut avoir à son égard aucun effet, et dès lors il doit rester en possession de ce qu'il détient, à moins que par une action en revendication je ne fasse directement la preuve de mon droit.

La réponse à cette théorie a été faite en quelques mots par M. Demolombe. Au n° 272 bis, l'éminent jurisconsulte s'exprime ainsi : « Il faut bien se garder de confondre le droit personnel avec le droit réel, l'*obligatio* avec le *dominium*. Oui, sans doute, les droits personnels, qui résultent des conventions, ne peuvent être opposés à des tiers; l'article 1165, ainsi entendu, est tout-à-fait d'accord avec l'art. 1122.

Mais aussi il n'est pas moins certain que les droits réels, au contraire, existent d'une manière absolue, *erga omnes ;* et apparemment, le tiers possesseur d'une chose, actionné en revendication par le propriétaire, qui démontre, contre lui, son droit de propriété par ses titres, ne serait pas bien venu à dire que ces titres-là sont une convention dans laquelle il n'a pas été partie et qui ne peut pas lui être opposée.

Or précisément, l'action en bornage participe du caractère de l'action en revendication... *pro rei vindicatione est.* (L. 1. ff. *finium regund.*)

Donc lorsque le demandeur a établi, par ses titres, son droit de propriété, ce droit existe envers et contre tous. Donc, le possesseur ne peut se soustraire à l'obligation de restituer la chose qu'autant qu'il invoque sa possession comme une cause légitime d'acquisition ; et il faut alors, bien entendu, que cette possession réunisse toutes les conditions de durée et autres qui sont nécessaires pour la prescription. »

Il faut donc d'abord, en matière de bornage, avoir recours aux titres qui contiendront peut-être parfois des inexactitudes, mais qui ne seront, la plupart du temps, que l'expression sincère et exacte des droits de chacun des propriétaires voisins.

Au surplus, les auteurs de la loi ne faisaient eux-mêmes aucune difficulté d'admettre la solution que nous proposons, car si l'on se reporte aux paroles prononcées par le Garde des sceaux, on y trouve ces mots qui indiquent bien la pensée du législateur : « *C'est à la vue des lieux que les titres s'interprètent.* »

La jurisprudence appelée à se prononcer plusieurs fois déjà sur la question de l'autorité des titres en matière de bornage, a décidé que les titres des parties pouvaient être invoqués, encore bien qu'ils ne vinssent pas d'auteurs communs aux contestants (Cassation, 2 avril 1850. D. 1850. 1. 155).

Et par arrêt du 8 décembre 1857, la Cour de Metz a jugé que, pour déterminer les limites des propriétés soumises au bornage, quand les limites sont inconnues, on ne doit pas, à défaut de titres émanant d'un auteur commun, s'attacher exclusivement à la possession actuelle; on doit consulter tous les documents anciens et nouveaux propres à éclairer, tels que les anciens plans et états de section, le cadastre, les signes de délimitation, les traces de culture et autres moyens de vérification (*J. du Palais*, 1858, p. 441. D. 60. 2. 42).

187. — Mais si la possession actuelle ne doit pas être seule examinée à défaut de titres communs, nous reconnaissons volontiers qu'il ne faut pas non plus mépriser complètement la présomption de propriété qui y est attachée, et nous pensons qu'il est prudent

de laisser aux juges une certaine liberté d'appréciation (Comp. arrêt précité).

La plupart des auteurs ont donné quelques règles sur la manière d'appliquer les titres au bornage des propriétés. Nous allons examiner chacune d'elles.

§ 1er. *Les quantités matérielles sont conformes aux titres, mais l'un des voisins possède moins que ce que lui donne son acte.*

188. — Dans cette première hypothèse, la règle nous paraît bien simple, et le juge de l'action en bornage n'aura qu'à planter des bornes suivant une ligne divisoire qui coupera sur le terrain de celui qui possède trop, une parcelle de terre équivalente à ce qui manque à l'autre.

Cette solution que l'équité suggère, était déjà consacrée par notre ancien droit, et Pothier nous dit : « Lorsqu'il paraît par l'arpentage que l'un des voisins a plus que la contenance portée par ses titres et que l'autre a moins, on doit parfaire ce qui manque à celui–ci par ce que l'autre a de plus. » (Appendice au cont. de société, n° 233).

Et Pothier cite, comme consacrant ce principe, une solution donnée par la loi 7. D. liv. x. t. 1, ainsi conçue : *De modo agrorum arbitri dantur ; et is qui majorem locum in territorio habere dicitur, cœteris qui minus possident integrum locum assignare compellitur idque ita rescriptum est.* »

Cette opinion, qui est admise par tous les auteurs, à l'exception de M. Morin, est parfaitement motivée par M. Dumay dans un appendice au traité du bornage de Curasson : « La raison de cette décision, dit

cet auteur, est que celui qui éprouve un déficit, a en
sa faveur, pour combattre la présomption résultant
de la possession de l'autre, un double titre, le sien
propre et celui de l'adversaire parfaitement opposable à celui-ci et qui dément sa possession. La partie
qui jouit d'une contenance supérieure à celle énoncée
dans son acte, est dans une position plus défavorable
que si elle n'avait point de titres, puisque la preuve
qu'elle apporte, tourne contre elle. C'est le cas de
l'adage : *Melius est non habere titulum, quam
habere vitiosum.*

§ 2. *Les quantités matérielles sont inférieures
à celles des titres.*

189. — Lorsque les terrains à borner présentent
une superficie moins étendue que celle que les titres
comportent, la règle admise par la plupart des auteurs, est que, dans cette hypothèse, il y a lieu à une
diminution proportionnelle.

Nous n'hésitons pas à admettre cette opinion, lorsque les titres émanent d'un auteur commun, ou
même qu'émanant de propriétaires différents, aucun
d'eux ne joint à son titre une possession qui confir-
merait sa propriété. C'est là une espèce presque
impossible.

Mais lorsque l'un des propriétaires ne possède que
ce que son titre lui donne, pourquoi donc le dépouiller au profit de son voisin? Dans la première règle
que nous avons étudiée plus haut, nous avons admis
la reprise de l'excédant au profit de celui qui éprou-
vait un déficit. Pourquoi cela? Parce que dans ce cas
on pouvait présumer un empiètement commis sur le

terrain de l'autre. Ici, est-ce possible? Non, puisque celui auquel on réclame n'a que ce que lui donne son titre; et cela sera beaucoup plus vrai s'il ne donne qu'une certaine quantité, si cette quantité est exprimée par environ, et surtout si les deux genres de culture sont différents, qu'on ait vendu, par exemple, cinq hectares de vigne à l'un, quatre hectares de pré à l'autre, et que l'acquéreur du pré ne trouvant pas sa contenance, demande à son voisin qui n'a que sa mesure une portion de vigne en rapport avec ce qui manque dans son pré (Comp. Dumay. loc. cit. p. 28. — Pardessus, 8e édit. Servitudes. v. t. 1. p. 312. — Curasson n° 765).

§ 3. *Les quantités matérielles sont supérieures à celles énoncées au titre.*

190. — Notre décision ne saurait varier, et nous ne comprenons pas pourquoi, chacune des parties ayant la contenance que son titre lui donne, l'une d'elle viendrait réclamer le partage de ce que l'autre possède en trop : de la sorte on arriverait à changer complètement la nature des propriétés, et celui qui a acheté une vigne ou un pré, n'aurait peut-être plus qu'une friche ou un terrain inculte. (Curasson n° 765 Pardessus. n° 311. — Dumay n° 24. 4°).

Telle n'est pas cependant l'opinion qui a prévalu dans la doctrine. Et M. Demolombe, au n° 273, traitant les deux questions que nous venons d'examiner, se prononce pour le partage proportionnel : « L'énonciation des quantités, dit cet auteur, n'étant souvent exprimée dans les titres que d'une manière approximative et incertaine, et quelquefois fort inexacte, il peut aussi arriver que l'opération produise en même temps, de chaque côté, soit une augmentation, soit une diminution de contenance. C'est ce qui a lieu lorsque les quantités énoncées dans les titres respectifs, sont inférieures ou supérieures à celle de la totalité des terrains soumis au bornage : la règle alors, s'il n'est pas prouvé que l'une des parties doit exclusivement gagner ce qui est en plus, ou perdre ce qui est en moins, est que l'avantage ou la perte, résultant de l'*excédant* ou du *déficit*, doivent être répartis proportionnellement à l'étendue des deux propriétés. »

La jurisprudence a été appelée à se prononcer sur cette question, et dans un arrêt relativement récent, la Cour de cassation a admis l'opinion que nous combattons. L'importance de ce document nous fait un devoir de le reproduire ici :

Il a été jugé : Que le juge de paix, lorsqu'il procède par l'application de titres non contestés au bornage de diverses propriétés contiguës, est compétent pour répartir entre les co-intéressés, l'excédant de contenance que peut présenter l'ensemble de ces héritages. Il ne cesserait d'être compétent à cet égard, qu'autant que celui des propriétaires contigus qui avait cet excédant sur la contenance indiquée à son titre, prétendrait l'avoir acquis par prescription. — Le juge du bornage est également investi, du droit de modifier la configuration des fonds à borner, en faisant le bornage proportionnel de l'excédant de contenance.

Voici l'espèce : Le 12 juin 1862, le sieur Person, propriétaire d'une parcelle de terre située sur la contrée, dite au Nil des Cygnes, en a provoqué l'abornement contre le sieur Delacour propriétaire d'une parcelle voisine. — Par jugement du même jour, le juge de paix du canton de Vigneulles, saisi de son action, a ordonné l'abornement de toute la contrée qui comprenait douze parcelles. — Du travail de l'expert, commis pour procéder à cette opération, il résulta que la contenance totale de la contrée qui en était l'objet, rapprochée des titres des douze parcelles, renfermait un certain excédant que l'expert répartit entre elles, en modifiant la configuration de plusieurs des dites parcelles et notamment de celles du sieur Labriet. Ce propriétaire articulant : 1° que l'une de ses parcelles, cultivée jusque là en quatre sillons, n'avait plus à un bout qu'un sillon et-demi, tandis qu'à l'autre bout elle en avait six et demi ; 2° qu'une autre parcelle, d'une surface unie avant le bornage, ne se composait plus que de deux coupures de terrains plus ou moins bombées, combattit l'homologation du projet de bornage.

Le 7 avril 1864, sentence du juge de paix qui homologue le rapport de l'expert. — Appel de Labriet, — Le 22 juin 1864, jugement du tribunal de Saint-Mihiel, qui confirme la sentence du juge de paix. — Pourvoi en cassation, pour violation de l'article 646 du code civil.

La Cour : Attendu en droit que lorsque en procédant par l'application de titres non contestés, au bornage de plusieurs propriétés contiguës, il est constaté que, sur l'ensemble des héritages à borner, il existe un excédant de contenance, le juge de paix saisi de l'action, est compétent pour répartir cet excédant entre les divers propriétaires intéressés à l'opération. — Attendu que la compétence de ce magistrat ne cesserait que dans le cas où, à défaut de contestation des titres, l'une des parties invoquerait la prescription de trente ans, pour demander son maintien dans la possession de la parcelle de terrain qu'elle détient en sus de la contenance que son titre lui attribue, ce qui ne se rencontre pas dans l'espèce.—Attendu que vainement le pourvoi conteste au juge du possessoire, le pouvoir de modifier la configuration des champs à borner, en opérant la répartition des excédants de contenance proportionnellement aux titres de chaque propriétaire. — Attendu que dès qu'il est constaté, et le pourvoi ne le conteste pas, que le juge du possessoire est investi du pouvoir d'opérer l'abornement en faisant le partage proportionnel de l'excédant des contenances, il faut nécessairement admettre que chaque fonds subira une modification dans son étendue superficielle et dans sa configuration. — Attendu... etc... Par ces motifs, rejette. (Cass. 2 mai 1866. D. 1867. 1. 387).

§ 4. *Absence de titres — Cas où l'une des parties en invoque un.*

191. — Dans cette hypothèse assez rare où il n'y aura point de titres, le juge chargé de décider sur le bornage, devra recourir à des renseignements qui, sans être des preuves certaines, pourront néanmoins éclairer sa décision, par exemple, le cadastre, des procès-verbaux d'arpentage, d'anciens plans, etc. Et dans le cas où tous ces documents ne lui paraîtraient pas donner une lumière complète, le bornage

devra surtout se faire d'après la possession qui, prolongée pendant une année, établit une présomption de propriété suffisante pour faire rejeter les prétentions non appuyées d'un titre, ou de l'état matériel des lieux, (Voyez sur cette question, arrêt de Cass. du 23 avril 1373. Sirey. 73. 1. 361).

192. — Dans le cas au contraire, où l'une des parties a des titres qui fixent l'étendue de sa propriété, alors que l'autre voisin ne peut en présenter aucun, nous croyons que l'on doit fournir à celui qui a un titre, toute la contenance qu'il lui donne, et ceux qui n'ont que la possession devront se contenter de ce qui restera en dehors de l'étendue donnée au voisin par l'acte qu'il invoque.

Mais ici encore nous pensons qu'il faudra laisser une certaine liberté d'appréciation au juge, et les titres ne devront prévaloir que s'ils se trouvent d'accord avec l'état matériel des lieux. Supposons par exemple, que le titre donne à celui qui l'invoque une contenance de cinq hectares ou *environ*, que celui qui possède et contre lequel le bornage est demandé soit séparé par un fossé d'ancienne date, et que la mesure de cinq hectares anticipe quelque peu au delà du fossé, dans ce cas nous pensons que le juge devrait combiner les titres, l'existence du fossé, la possession, et tirer de tous ces éléments la solution du procès intenté.

§ 5. *Cas où l'une des parties invoque la prescription.*

193. — Nous venons d'étudier certaines hypothèses, dans lesquelles nous avons reconnu l'importance que peut avoir la possession en matière de

bornage. Mais nous ne nous sommes pas encore préoccupés du cas où cette possession a duré un temps assez long pour devenir acquisitive de propriété.

Dans cette hypothèse, c'est-à-dire lorsque la possession aura duré trente ans, ou seulement dix ou vingt ans et qu'elle sera accompagnée d'un juste titre, elle jouera un rôle considérable, et pourra s'opposer à toute tentative de bornage qui ne serait pas faite en conformité des droits, que cette possession prolongée aurait conférés.

Mais alors, nous l'avons vu plus haut, la compétence du juge de paix devrait cesser, et il ne devrait même pas apprécier si la possession alléguée remplit les conditions de la loi. Seulement ce magistrat ferait bien d'engager la partie qui opposerait devant lui cette exception à s'en désister, attendu qu'en matière de bornage, la prescription est difficilement admise : qu'ainsi refuser de délimiter en vertu des titres respectifs, ce serait s'engager dans une vaine discussion et s'exposer à des frais inutiles.

Nous venons de dire que la prescription en matière de bornage est difficilement admise ; c'est qu'en effet pour que la possession soit utile, il faut qu'elle ait été paisible, publique, non équivoque ni incertaine, (art. 2229). Or la plupart du temps, il sera bien difficile que la possession ne soit pas clandestine. Dans les campagnes, les champs ne sont souvent séparés que par un sillon que le laboureur fait plus profond que les autres à l'époque du labourage, et assurément une anticipation légère ainsi

commise ne pourrait pas servir à baser une prescription.

Il faut donc supposer que la possession pour être
utile aura eu lieu sur une étendue de terrain certaine
et déterminée au moyen de signes apparents et
invariables. Mais quand réunira-t-elle ces conditions? Quand la possession sera-t-elle conforme aux
dispositions de l'art. 2229 du code civil. C'est là une
question qui ne peut-être tranchée qu'en fait, et que
le tribunal de première instance pourra seul décider.
(Conf. Laurent. n° — Demol. 272. (Voir les arrêts
cités par cet auteur). — Aubry et Rau. p. 225. 3°).

194. — Nous le répétons, il nous semble bien
difficile de fixer des règles *à priori*, et de dire au juge
vous les suivrez mathématiquement; surtout si
les contenances ne sont indiquées que par *environ,
à peu près;* que le juge de paix consulte les titres,
les anciens documents, les anciennes possessions,
les possessions actuelles, et la plupart du temps la
limite des héritages résultera sans grand effort de
ses investigations.

195. — Lorsque les propriétés à délimiter sont tra-
versées ou bordées de ruisseaux, sentiers ou autres
passages non publics, ces ruisseaux, sentiers ou
autres passages doivent être compris dans le mesurage, soit pour moitié, soit pour le tout, selon qu'ils
bordent ou qu'ils traversent le terrain, à moins que
le titre ne les ait exclus de la contenance.

196. — De même de ce qui dans certaines localités,
est appelé *rideaux, tertres, lisières,* et qui se trouvent à l'extrémité des héritages. Pardessus enseigne
qu'ils doivent être considérés comme dépendant

de l'héritage inférieur, lorsqu'il présentent un plan incliné, sauf à laisser au propriétaire supérieur l'espace nécessaire pour le garantir des éboulements ; si au contraire, le plan est horizontal, en l'absence de titres, et à défaut de possession caractérisée et suffisante, qui les attribueraient à un seul héritage, ils doivent êtres partagés par moitié.

197. — Mais la loi romaine allait plus loin, et au chapitre V, de notre étude du droit romain, on voit que si tous les moyens indiqués laissaient planer l'obscurité sur les limites, comme aussi lorsque les limites étant facilement découvertes, il y avait des irrégularités à corriger, ou des embarras à prévenir, le juge pouvait fixer lui-même la ligne divisoire, en prenant à l'un des voisins une portion de son champ pour l'attribuer à l'autre moyennant indemnité.

Notre droit français ne s'est pas occupé de la question, et cependant on peut prévoir le cas où les immeubles ayant la forme d'un Z, les voisins posséderaient chacun le terrain compris dans les deux angles formés par cette lettre. Si on coupe cette lettre par une ligne droite, qu'on attribue à un propriétaire le terrain situé à droite de la ligne, à l'autre le terrain situé à gauche, on fera disparaître toute irrégularité, et on donnera à la propriété de chacun une forme plus commode.

Incontestablement le juge français ne peut faire cela, car il n'a pas l'*adjudicatio* du juge romain, et il ne peut ainsi faire des expropriations. Mais les parties peuvent s'entendre pour consentir entre elles une opération, qui en définitive, ne serait rien autre chose qu'un véritable échange. Mais ici des questions nombreuses et délicates vont s'agiter.

198. — 1° Cet échange peut-il être consenti par le tuteur figurant au bornage au nom du mineur, ou par les époux mariés sous le régime dotal, relativement à l'immeuble constitué en dot ?

Cette question a été soulevée par M. Demolombe, qui supposant un échange de peu d'importance et fait de part et d'autre avec bonne foi, considère cette opération comme un acte de *bonne et sage adminis-tration*, qui n'excède pas les pouvoirs du tuteur ni du mari sous le régime dotal, relativement à l'immeuble constitué en dot. Et, à l'appui de sa thèse, l'éminent auteur cite un jugement du tribunal civil de Caen décidant que le mari qui, en procédant au bornage des propriétés dotales, avait rectifié l'alignement en cédant quelques portions à peu près égales qu'il avait reçues, n'avait pas fait un échange auquel l'art. 1559 fût applicable.

199. — 2° Ce bornage ainsi fait, sera-t-il purement déclaratif, ou sera-t-il attributif de telle sorte que les créanciers hypothécaires seraient fondés à prétendre qu'il y a là en ce qui les concerne une aliénation ordinaire, et qu'ils peuvent suivre dans les mains du propriétaire voisin, la portion détachée de l'immeuble qui fait leur gage.

3° Le bornage devrait-il être soumis à la formalité de la transcription ?

M. Demolombe étudie encore la deuxième question, mais il ne se pose pas la troisième qui n'est du reste que le corollaire de celle qui la précède. Ici encore la solution est que l'acte d'échange dont nous avons parlé n'étant qu'un acte d'administration, l'hypothèque consentie par le débiteur doit s'éteindre en ce qui concerne la portion devenue par suite de l'échange la propriété du voisin (Comp., Caen, 1re chambre, 22 août 1832).

Malgré le talent du savant jurisconsulte, qu'il nous permette de lui dire que nous ne pouvons nous ranger à cette doctrine, qui se condamne d'elle-même, forcée qu'elle est de supposer un redressement et un échange de peu d'importance ; car quelle sera la limite à partir de laquelle l'opération cessant d'être un acte d'administration deviendra un véritable échange ?

Est-ce que l'art. 457 du Code civil et l'art. 1559 font une distinction entre les échanges considérables et ceux qui le sont moins ? et est-ce que dans tous les cas où l'échange est permis sous le régime dotal, ce n'est pas un acte de *bonne et sage administration?* La preuve en est que l'autorisation d'échange ne peut être accordée par le tribunal qu'autant que l'utilité en est démontrée.

Nous écarterons donc toute solution qui nous semble laisser au juge un pouvoir arbitraire et nous pensons que le tuteur dans cette hypothèse devra suivre l'art. 457, le mari l'art. 1559, et que les créanciers conserveront leur droit de suite sur la portion attribuée au voisin en échange de celle qu'il a abandonnée, et que pour être opposable aux tiers l'acte de bornage amiable ou consenti en justice devra être soumis à la formalité de la transcription en vertu de la loi du 23 mars 1855, qui exige la transcription de tous actes translatifs de propriété immobilière.

200. — Lorsque lès limites des héritages contigus auront été déterminées d'après les règles que nous venons d'indiquer, il ne restera plus qu'à en assurer l'immutabilité par des signes certains et apparents.

Si la nature n'a pas fixé elle-même les confins des immeubles soit par des rochers, des rivières, des collines, le juge suppléera en ordonnant la plupart du temps la plantation de pierres-bornes, d'arbres, de pieux ou tout autre signe indicateur.

En pratique on ne se contente pas de cela et sous la borne on place généralement des morceaux de de tuiles cassées qui serviraient à reconnaître l'emplacement des marques adoptées si elles venaient à être déplacées.

Dans cette crainte aussi les experts procédant au bornage agiront sagement en dressant le plan des lieux et en l'annexant au procès-verbal de leur opération. Mais nous empiétons sur le domaine du géomètre, et nous n'avons ici qu'à nous occuper de celui du jurisconsulte.

201. — Le bornage comprenant deux choses : 1° l'opération du placement des bornes ; 2° la recherche de la ligne qu'elles doivent suivre, nécessitera des frais souvent très-importants, et nous devons nous demander à la charge de qui ils incomberont.

L'art. 646 du Code civil se termine par ces mots : le bornage se fait à *frais communs*. Nous ne nous arrêterons pas longtemps sur le sens à donner à ces deux derniers mots ; pour nous qui pensons que dans toute la matière du bornage l'équité doit à défaut d'un texte précis, guider le juge, nous croyons qu'il faut distinguer entre les frais de bornes et les frais de la délimitation. Pour les premiers, ils seront par moitié à la charge de chacun des propriétaires voisins ; les autres devront incomber à chacun, proportionnellement à l'étendue de chaque propriété (Conf. Aubry et Rau., p. 226, 4°. — Demol., n° 276. — Curasson, n° 768).

Cependant nous excluons de la règle du partage par moitié ou du partage proportionnel les frais faits en justice par l'un des voisins à propos d'un incident par lui soulevé ; l'art. 130 du Code de pro. civ. les met en totalité à la charge de la partie qui succombe (Demol., 277. — Aub. et Rau., p. 226, 4°).

Mais nous n'irions pas aussi loin que M. Demolombe qui enseigne que l'art. 130 précité est applicable aux frais de l'instance judiciaire en bornage que l'une des parties aurait été forcée d'intenter contre l'autre qui se refusait à l'opération. Cette opinion nous paraît beaucoup trop rigoureuse et nous pensons qu'il serait bien dur de l'admettre lorsque par exemple l'une des parties refuserait de concourir à un bornage amiable, par le motif que l'expert proposé pour y procéder ne lui convient pas.

CHAPITRE VI.

202. — Au numéro 232 de son second appendice au contrat de société, Pothier nous indique le but de l'action en bornage : « Cette action de bornage qui ne tend qu'à conserver à chacune des parties l'intégrité de son héritage..... » De cette phrase il est facile de conclure que le bornage comme le partage est *déclaratif* de droits préexistants et non pas *attributif* de droits nouveaux.

Les conséquences à tirer de cette solution sont nombreuses, mais nous n'en indiquerons que quelques-unes, pour les mettre en opposition avec les solutions que nous avons données tout à l'heure dans une hypothèse différente.

1° Les servitudes et droits réels consentis par le propriétaire apparent de l'héritage, ne subsistent pas sur la partie restituée lorsque par l'opération du bornage il a été contraint de rendre une portion du terrain par lui détenue indûment.

2° La loi de 1855 qui ordonne la transcription des actes translatifs de propriété immobilière, ne pourrait pas s'appliquer au jugement qui homologue un rapport d'expert, ou à l'acte qui constate l'accord des parties sur le lieu que doit occuper la ligne délimi-

tative, à moins qu'il ne contienne un échange véritable comme nous l'avons vu plus haut.

3° En ce qui concerne les fruits, l'application rigoureuse de la rétroactivité du bornage semblerait exiger
que celui qui les a perçus à tort, en devrait la restitution du jour de sa possession. Mais ici tout le
monde admet que la distinction suivie par la loi romaine doit être maintenue (Voy. n°s 38 et 39).

De deux choses l'une : ou le possesseur a été de
bonne foi, ou il a été de mauvaise foi. Dans le premier cas, sa bonne foi lui donne le droit aux fruits
(art. 549) qu'il ne devra restituer que du jour où elle
cessera, c'est-à-dire du jour de la demande.

Dans le second cas il sera tenu des fruits du jour
où aura commencé son usurpation, et il sera tenu
non seulement de ceux qu'il a perçus, mais encore
de ceux qu'il aurait négligé de percevoir. Rappelons
que jusqu'à preuve contraire, le possesseur doit être
considéré comme de bonne foi.

203. — Le procès-verbal de bornage forme entre
les parties un titre définitif pour la contenance et les
limites assignées à chacun des intéressés, lorsqu'il a
été revêtu de leurs signatures, ou que, sur le refus
de l'un d'eux de le signer, il a été homologué en
justice.

Lorsqu'il a été admis par les parties elles-mêmes
et signé par elles, l'art. 1134 du Code civil a toute sa
force, les conventions font la loi des parties. Et il ne
faudrait accepter pour revenir contre cette convention, que les causes qui en général permettent la res-
cision des contrats. Aussi, est-ce avec raison que la
Cour de Douai a jugé que la convention par laquelle

deux propriétaires s'engagent à délimiter leurs héritages d'après une ligne de démarcation par eux indiquée, peut être annulée pour cause d'erreur de fait, si pendant la pose des bornes nouvelles il en est découvert d'anciennes, dont l'existence était inconnue aux parties lors de la stipulation (21 février 1848. D. 49.2.48. — Conf. Demol., n° 230. — Aubry et Rau., p. 227, n° 5).

Quand c'est une décision judiciaire qui a opéré le bornage, elle ne peut être attaquée, suivant le droit commun, que par les voies de recours permises et dans les délais déterminés. La Cour de cassation a jugé avec raison que l'autorité de la chose jugée ne peut être refusée à la décision d'un juge de paix qui, saisi d'une action en bornage, a délimité deux héritages, sous prétexte que cette décision aurait incompétemment tranché une question de propriété ; l'incompétence du juge n'empêche pas la sentence rendue d'acquérir l'autorité de la chose jugée. (20 août 1867. — J. du P. 1867. p. 1082.)

205 — Les bornes plantées conformément au procès-verbal signé par les parties, ou homologué en justice, peuvent disparaître par suite de deux causes différentes : 1° le déplacement volontaire des signes de délimitation ; 2° un accident fortuit, par exemple une inondation qui troublerait les confins. Dans la première hypothèse, il y a lieu de recourir à une action possessoire, quelquefois même à une poursuite correctionnelle. (Cod. de proc. art. 3. n° 2. Code pénal art. 456). Dans la seconde, chacune des parties intéressées pourra exiger qu'il soit placé de nouvelles bornes, en suivant les lignes indiquées au

procès-verbal primitif. Mais il n'y aurait pas lieu à une nouvelle demande ayant pour but la recherche par l'arpentage des limites des différents fonds (Demol. n° 281. Aub. et Rau. p. 227).

Le bornage une fois opéré aura donc pour effet de faire obstacle à une demande nouvelle. Toutefois, le procès-verbal d'abornement n'aurait plus aucune valeur, s'il s'était écoulé plus de 30 ans depuis la disparition des pierres-bornes, car alors par la force des choses les parties se trouveraient replacées dans la même situation que s'il n'y avait jamais eu de bornage, puisqu'aucune d'elles ne pourrait soutenir qu'elle a une possession conforme au procès-verbal de délimitation.

A l'inverse, si les pierres-bornes subsistent, les effets du procès-verbal de délimitation peuvent se trouver paralysées, si l'un des voisins soutenait qu'il a possédé une parcelle de terre au delà des bornes, pendant un temps suffisant pour lui en faire acquérir propriété par prescription. (Comp. Aubry et Rau. p. 128. — Demol. n° 281.)

APPENDICE

DU BORNAGE DES FORÊTS
appartenant à l'État, aux communes et aux établissements publics.

—

Nous avons étudié le bornage dans notre législation actuelle, il nous reste à dire quelques mots des dispositions spéciales prises par le Code forestier.

La délimitation et le bornage entre deux ou plusieurs bois qui appartiennent à des particuliers, ne nous occuperont pas, ces opérations restant soumises aux règles ordinaires que nous avons étudiées. Mais s'il s'agit de séparer des propriétés privées, de forêts qui appartiennent à l'État, les art. 8 à 14 du Code forestier ont établi des règles spéciales.

Ces dispositions particulières s'appliqueront aussi, lorsqu'il s'agira de limiter des propriétés privées avec des bois ou forêts appartenant aux communes ou aux établissements publics. En effet, l'art 90, al. 3 du Code forestier, après avoir déclaré soumis au régime forestier les biens dont nous nous occupons, dit : « En conséquence, toutes les dispositions des six premières sections du titre 3 leur sont applicables, sauf les modifications portées au présent titre. » Et le titre 6, Code for., ne contient aucune modification aux art. 8 à 14.

L'art. 8 du Code forestier, a reproduit dans un autre langage la première partie de l'art. 646 du Code civil, en consacrant que soit l'État ou les communes, soit les propriétaires riverains pourraient demander le bornage des fonds contigus aux forêts.

Cette application du droit commun nous autorise à renvoyer en cette matière à ce que nous avons dit, touchant la nécessité de la contiguïté, l'imprescriptibilité de l'action, l'absence d'un bornage antérieur. Mais nous ferons remarquer que l'art. 8 du Code forestier suppose non pas une demande judiciaire, mais une demande amiable, car ce n'est pas l'administration forestière qui représente l'État dans les actions civiles auxquelles les propriétés domaniales peuvent donner naissance, ce droit n'appartient qu'au préfet.

L'art. 9 du Code forestier prévoit une instance judiciaire et dispose que « l'action en séparation sera intentée soit par l'État, soit par les propriétaires riverains dans les formes ordinaires. »

Ici encore nous appliquons tous les principes admis en matière de bornage ordinaire, et nous dirons que l'action doit être intentée devant le juge de la situation des lieux, que toutes les distinctions faites par nous au sujet des personnes qui ont le droit d'agir, doivent recevoir ici leur application, notamment en ce qui concerne l'usufruitier, l'usager, le créancier antichrésiste, etc. (*Contra*, Meaume, commentaire sur le Code forestier.)

La loi dit dans les *formes ordinaires*, c'est-à-dire qu'il faudra agir comme pour les bornages dont nous avons étudié les règles ; mais rappelons que quand il s'agit d'intenter une action contre l'État, les dispositions de l'art. 15 de la loi du 5 nov. 1790 exigent la remise préalable d'un mémoire au préfet, comme aussi quand il s'agit d'intenter une action contre une commune. (Loi du 18 juillet 1837.)

La demande ainsi formée suivra son cours régulier, et sera ce qu'on appelle une délimitation partielle, à moins que l'administration n'offre de procéder à une délimitation générale, qui doit alors embrasser l'ensemble de la forêt. (Art. 9.)

Il est facile de comprendre l'utilité d'une semblable mesure dont les avantages peuvent se résumer en ces quelques mots : économie de frais, régularité des opérations, exactitude des plans, éloignement des procès ultérieurs.

Cette délimitation générale s'opère par voie administrative, suivant les formes prescrites par les art. 10, 11 et 12 du Code forestier; nous les reproduisons :

Art. 10. Lorsqu'il y aura lieu d'opérer la délimitation générale et le bornage d'une forêt de l'État, cette opération sera annoncée deux mois d'avance par un arrêté du préfet qui sera publié et affiché dans les communes limitrophes, et signifié au domicile des propriétaires riverains ou à celui de leurs fermiers, gardes ou agents.

Après ce délai, les agents de l'administration forestière procéderont à la délimitation en présence ou en l'absence des propriétaires riverains.

Art. 11. Le procès-verbal de la délimitation sera immédiatement déposé au secrétariat de la préfecture, et par extrait au secrétariat de la sous-préfecture, en ce qui concerne chaque arrondissement. Il en sera donné avis par un arrêté du préfet, publié et affiché dans les communes limitrophes. Les intéressés pourront en prendre connaissance et former leur opposition dans le délai d'une année, à dater du jour ou l'arrêté aura été publié.

Dans le même délai, le gouvernement déclarera s'il approuve ou s'il refuse d'homologuer ce procès-verbal en tout ou en partie.

Sa déclaration sera rendue publique de la même manière que le procès-verbal de délimitation.

Art. 12. Si à l'expiration de ce délai il n'a été élevé aucune réclamation par les propriétaires riverains contre le procès-verbal de délimitation, et si le gouvernement n'a pas déclaré son refus d'homologuer, l'opération sera définitive.

Les agents de l'administration forestière procéderont, dans le mois suivant, au bornage en présence des parties intéressées, ou elles dûment appelées par un arrêté du préfet ainsi qu'il est prescrit par l'art 10.

Tels sont les moyens employés pour un abornement général ; l'art. 13 suppose qu'il s'élève des contestations soit pendant les opérations, soit par suite d'oppositions formées par les propriétaires riverains en vertu de l'art. 11, et il statue qu'elles seront portées devant *les tribunaux compétents,* et qu'il sera sursis à l'abornement jusqu'après leur décision.

Or quels seront au juste *ces tribunaux compétents ?* et ce que nous allons dire ici, nous le disons également en cas de bornage partiel intenté aux termes de l'art. 9 *dans les formes ordinaires.* La loi du 25 mai 1838, art. 6, § 2, peut-elle s'appliquer ?

M. Meaume dans son ouvrage sur le Code forestier, enseigne qu'en aucun cas le jugement de ces contestations ne peut être déféré aux juges de paix, car suivant lui la loi de 1838 n'a rien modifié aux règles établies par le Code forestier.

Au surplus voici ses motifs : *Il y a toujours contestation sur les titres ou la propriété*, lorsque l'État paraît en justice soit comme demandeur, soit comme défendeur. En effet, aux termes de l'art. 58 de l'ordonnance d'exécution du Code forestier, les demandes en délimitation partielle ne doivent être portées devant les tribunaux qu'autant que les parties ne sont pas d'accord pour opérer la limitation et le bornage. Cet article suppose donc nécessairement que préalablement à la demande, le préfet aura tenté d'exécuter le bornage à l'amiable avec les propriétaires riverains, c'est-à-dire qu'il aura fait à l'égard des propriétés soumises au régime forestier, ce que la loi de 1838 veut que le juge de paix fasse à l'égard des propriétés particulières. Si au contraire la demande est formée par un riverain, cette demande doit, conformément à la loi de 1790 être précédée de l'envoi d'un mémoire au préfet, qui accédera à la demande ou bien la contestera. S'il accède, on procédera à l'amiable conformément à l'art. 58 de l'ordonnance ; s'il conteste, il y a dès lors discussion sur un titre de propriété, et le juge de paix cesse d'être compétent ; on voit donc que la loi de 1838 ne peut dans aucun cas être appliquée à la délimitation des biens soumis au régime forestier.

En définitive et comme l'auteur le dit lui-même dans l'ouvrage précité, il suffit que l'une des parties ne veuille pas d'un bornage amiable, pour que il y ait là contestation *sur la propriété et sur les titres*.

Nous repoussons énergiquement cette solution qui fait vraiment une interprétation trop large de la restriction apportée par la loi de 1838 à la compétence des juges de paix. Et nous croyons fermement que ces magistrats devront connaître des actions en bornage des forêts. Et, en effet, d'après les art. 8 et 11 du Code forestier, c'est devant *les tribunaux compétents...... dans la forme ordinaire* que doivent se juger ces actions. Or, avant la loi de 1838 c'était devant les tribunaux civils, seuls compétents en matière de bornage, qu'il fallait agir; aujourd'hui la compétence est transportée aux tribunaux de paix, ce sont donc les juges de paix qui sont compétents. Et alors de deux choses l'une : ou la contestation soulevée se traduit en une revendication, cas auquel ils ne peuvent juger, ou bien il n'y a qu'une interprétation de titres à faire, et ils doivent en connaître. Nous renvoyons à cet égard à ce que nous avons dit au sujet de la compétence des juges de paix.

L'art. 14 s'occupe des frais de l'opération et il statue que « lorsque la séparation ou délimitation sera effectuée par un simple bornage, elle sera faite à frais communs. »

Lorsqu'elle sera effectuée par des fossés de clôture, ils seront exécutés aux frais de la partie requérante et pris en entier sur son terrain.

TABLE DES MATIÈRES

DROIT ROMAIN.

DROIT FRANÇAIS.

APPENDICE.

POSITIONS

—

DROIT ROMAIN.

1° Il n'y a pas contradiction entre la loi 2 et la loi 4, § 10. (Page 26, n° 13).

2° L'action *finium regundorum* est une action personnelle. (Page 42, n°ˢ 41 et suiv.).

3° L'action *finium regundorum* n'est pas de bonne foi, ni de droit strict, elle est arbitraire. (Page 52, n° 57.)

4° Sur le sens à donner au § 20, liv. 4 des Institutes de Justinien, relativement aux expressions : « *Mixtam causam habere videntur, tam in rem quam in personam,* » voir la page 49, (n° 50).

5° A l'époque des jurisconsultes classiques, le possesseur de bonne foi n'était pas tenu de restituer les fruits perçus, mais encore existants au jour de la revendication du véritable propriétaire.

DROIT FRANÇAIS.

1° L'action en bornage doit être admise encore que l'un des propriétaires ait construit un mur, planté une rangée d'arbres sur la limite de son héritage. (Page 85, n° 110).

2° L'usufruitier peut intenter une action en bornage. (Page 91, n°ˢ 120 et suiv.).

3° Le tuteur ne peut pas seul intenter l'action en bornage, ni y défendre. (Page 94, n°ˢ 120 et suiv.).

4° Le mari ne peut pas, sous le régime de communauté, provoquer seul le bornage des propres immobiliers de sa femme. (Page 97, n° 132).

5° Le juge du bornage ne doit pas s'attacher exclusivement à la possession des parties, il doit aussi et surtout baser son opération sur les titres. (Page 131, n°s 185 et suiv.).

6° Dans une action en bornage, lorsque les parties sont d'accord pour rectifier au moyen d'un échange de peu d'importance, la limite de leurs propriétés, il y a là une translation réciproque de propriété avec toutes ses conséquences juridiques. (Page 144, n°s 197 *in fine* et suiv.).

PROCÉDURE CIVILE.

1° Les arrières voisins peuvent être mis en cause directement par le demandeur primitif. (Page 83, n°s 107 et suiv.).

2° Le préliminaire de conciliation n'est pas d'ordre public : en conséquence le défendeur qui aurait négligé d'opposer l'exception résultant de ce que l'art. 48, C. pr. n'a pas été observé, ne pourrait pas s'en prévaloir pour la première fois en appel.

3° Lorsque à la suite d'un incident qui tend à contester la propriété (art. 6, § 2, loi du 25 mai 1838), le juge de paix se déclare incompétent, la partie qui assigne devant le tribunal de 1re instance, peut négliger le préliminaire de conciliation. (Page 129, n°s 182 et 183).

4° Lorsque le juge de paix se déclare incompétent parce que les titres ou la propriété sont contestés, il ne doit pas surseoir à statuer sur le bornage, jusqu'à ce que le tribunal ait jugé, il doit se dessaisir absolument. (Page 127, n°s 181).

DROIT ADMINISTRATIF.

1° Pour intenter une action en bornage contre une fabrique, il faut au préalable déposer un mémoire au conseil de préfecture.

DROIT PÉNAL.

1° La demande en séparation de corps formée par le mari contre sa femme, pour cause d'adultère, constitue la dénonciation exigée par l'art. 336 du Code pénal, et autorise dès lors le ministère public à poursuivre le complice de sa femme.

2° Le fait de monter sur le toit d'une maison pour voler les plombs d'une gouttière, mais sans entrer dans la maison, ne constitue pas la circonstance aggravante de vol avec escalade. (Art, 397-7).

DROIT DES GENS.

1° La houille n'est pas de contrebande de guerre.

2° Les belligérants n'ont pas le droit de visiter les bâtiments neutres qui voyagent sous l'escorte d'un vaisseau de guerre de la même nation.

Vu :   Vu par le président de la Thèse.
Le doyen de la Faculté,   J.-E. LABBÉ.
  G. COLMET D'AAGE.

Vu et permis d'imprimer :

Le vice-recteur de l'Académie de Paris.
A. MOURIER.

Langres, imp. Firmin DANGIEN.

www.ingramcontent.com/pod-product-compliance
Ingram Content Group UK Ltd.
Pitfield, Milton Keynes, MK11 3LW, UK
UKHW021220140726
13695UKWH00002B/661